ACHIM BIEDERMANN

Die reizvollsten Motorrad-Touren durch Deutschland

MOTORBUCH VERLAG STUTTGART

Einbandgestaltung: Siegfried Horn, unter Verwendung eines Dias des Autors.

Alle Leica-Fotos von Achim Biedermann.

Alle Karten mit freundlicher Genehmigung: Mairs Geographischer Verlag.

Ein ganz herzliches Dankeschön an Marion Pedak und Georg Schweier, aber auch an alle anderen Fotofahrer für ihre Hilfe und Geduld bei den vielen Aufnahmen.

Dank auch an die Motorrad-Clubs, die mir mit manchem Tip weitergeholfen haben.

Besonderen Dank schulde ich auch Jörg Künkel, Ilvesheim, für die grafische Konzeption des Buches.

ISBN 3-613-01177-8

3. Auflage 1988
Copyright © by Motorbuch Verlag, Postfach 10 37 43, 7000 Stuttgart 1.
Ein Unternehmen der Paul-Pietsch-Verlagsgruppe GmbH & Co. KG.
Sämtliche Rechte der Verbreitung – in jeglicher Form und Technik – sind vorbehalten.
Satz und Druck: Druckhaus Waiblingen, 7050 Waiblingen.
Buchbinderische Verarbeitung: Verlagsbuchbinderei Wilhelm Nething, 7315 Weilheim.
Printed in Germany.

INHALT

VORWORT

Traumziele gibt es viele in der großen, weiten Welt. Nicht selten bleiben sie aber für die meisten das, was das Wort schon ausdrückt: Träume.
Realität sind hingegen die vielen tausend Motorradfahrer, die Wochenende für Wochenende in Deutschland auf Tour gehen. Kein kostspieliger Flug, kein sündhaft teures Mietmotorrad und keine zeitraubenden Einreiseformalitäten sind notwendig, um durch deutsche Lande zu rollen.
Wie schön es in der Heimat ist, weiß man erst, wenn man sie einmal vom nördlichsten Zipfel bis hinunter ins südlichste Bayern durchstreift hat. Es hat eine Menge Spaß gemacht, bei den Arbeiten für dieses Buch unbekannte Landstriche zu entdecken. Diese Freude soll in den zwölf Reisereportagen zum Ausdruck kommen, die die Lust zum Touren in den beschriebenen Regionen wecken wollen.
Ausschweifende Hinweise auf berühmte Sehenswürdigkeiten wird man in diesem Buch vergeblich suchen. Dafür gibt es eine Fülle anderer Reiseführer. Neuschwanstein, der Königs-see oder das Heidelberger Schloß sind aber auch nicht jene Punkte, die den Reiz einer beschaulichen Motorrad-Tour ausmachen. Es sind die unbekannten kleinen Straßen, die sich durch Wiesen und Wälder schlängeln, oder die schmalen Paßstraßen, die sich kurvenreich den Berg emporschrauben.
Um den Fahrspaß auf diesen Straßen, die Erlebnisse unterwegs und die Entdeckungen abseits ausgetretener Touristenpfade – darum geht es in diesem Buch. Und weil Motorradfahrer gerne mit Gleichgesinnten zusammensitzen und Benzin reden, gibt es zu den Reisereportagen 139 Tips für gemütliche Motorrad-Pensionen, Motorradmuseen, Rennstrecken aller Art und Motorrad-Treffs. Der nördlichste Treffpunkt liegt in Lübeck, der südlichste ist die Roßfeld-Ringstraße an der österreichischen Grenze.
Beim Touren auf den dazwischenliegenden Straßen viel Spaß und die besten Wünsche für viele unfallfreie Kilometer.

DER BERG RUFT

Das gewaltige Watzmann-Massiv, dessen Ostwand so berühmt-berüchtigt ist wie die Eiger-Nordwand, ist das Wahrzeichen des Berchtesgadener Landes. An diese Alpenregion schließt sich im Nordwesten der Chiemgau an, der mit seinen vielen Seen lockt.

Es ist noch früh am Morgen, als ich ganz leise meine Maschine aus der Einfahrt der Motorrad-Pension Zellerhof schiebe. Die anderen Motorradfahrer liegen noch in ihren warmen Betten und schlummern friedlich. Mich fröstelt es ein wenig, obwohl der Wetterbericht 24 Grad und herrlichen Sonnenschein versprochen hat. Aber in den Bergen ist es eben morgens noch frisch. Ich drücke auf den E-Starter, und der wassergekühlte Boxermotor meiner Gold Wing schnurrt sanft vor sich hin. Mit niedrigen Drehzahlen rolle ich aus Feldkirchen heraus. Auf der Bundesstraße nach Bad Reichenhall ist um diese Zeit noch wenig Verkehr. Nur ein

paar Brummi-Fahrer sind unterwegs, die wohl zur nahegelegenen Autobahn wollen.

Auf den saftig-grünen Wiesen liegt noch der Morgentau. An den Grashalmen blitzen winzige Wassertröpfchen. Die Burg Staufeneck, die bei Piding oberhalb der Straße auf einem Hügel thront, ist von einem weißen Kranz aus Nebelschwaden umhüllt.

Ich will hinunter zum Hintersee, um den Sonnenaufgang zu erleben. Tags zuvor hatte ich bei einer Kaffeepause am Hintersee einem Gespräch gelauscht. »Es ist wunderschön, wenn sich die Sonne hinter dem Gipfel des Hohen Göll hervorschiebt und die ersten Strahlen auf den davorliegenden See fallen«, hatte ein Einheimischer einer Gruppe von Wanderern erzählt. Der Weg zum Hintersee über Bad Reichenhall und Bayerisch Gmünd ist nicht weit. In den Ortschaften steht an den Straßenrändern Auto hinter Auto, aufgereiht wie auf einer Perlenkette. Die Parkplätze vor den Hotels sind überfüllt mit dicken Bussen. Auf der Straße bin ich allerdings fast ganz allein. Kaum ein Feriengast kommt schon vor sieben Uhr aus den Federn.

Die Sonne schickt sich noch immer nicht an, hinter den Berggipfeln hervorzulugen und mich mit ein paar wärmenden Strahlen zu verwöhnen. Ich habe wohl noch etwas Zeit bis zum Sonnenaufgang und biege hinter Winkel auf eine Nebenstrecke ab. Das kleine Schild »Loipl« lockt mich weniger als vielmehr der Hinweis »20 % Steigung« auf der Generalkarte.

Ein schmaler Weg führt noch ein Stückchen parallel zur Bundesstraße, dann steigt die Straße vor mir urplötzlich steil an. Schlagartig muß ich zwei Gänge zurückschalten. Bislang war ich im fünften Gang schaltfaul durch die Gegend gebummelt, aber jetzt macht mir der Drehzahlmesser unmißverständlich klar, daß es so nicht weitergeht.

Auch wenn es hier im Wald noch etwas kühler ist, fasziniert mich dieser enge, geschlungene Weg. Stetig steigt er steil nach oben, ge-

Das malerische Ortsbild von Ramsau mit der Reiteralpe im Hintergrund

Trial

In Freilassing gibt es einen sehr aktiven Trial-Club, der auf dem Gelände in Traunstein seine Wettbewerbe austrägt. Kontakt: Zweirad-Linz, Hammerau.

Rennstrecke für Straßen-WM

Nicht weit vom Grenzübergang bei Freilassing liegt auf österreichischem Gebiet der Salzburgring, auf dem unter anderem ein Lauf zur Straßen-Weltmeisterschaft ausgetragen wird.

säumt von einem dichten Wald. Ganz ruhig zieht die Maschine in einer lange Linkskurve ihre Bahn. Ich passiere den Scheitel der Kurve, öffne den Gashahn, will herausbeschleunigen. Plötzlich bewegt sich irgendetwas zwischen den Bäumen am Straßenrand. Ein Schatten huscht an meinen Augen vorbei, und ein Reh schießt aus dem Wald, keine zehn Meter vor meine Maschine. Ich stehe voll in beiden Bremsen. Mit zwei, drei eleganten Sprüngen wechselt das Reh völlig unbeeindruckt nach links hinüber und verschwindet wieder im Unterholz.

Das schönste Kloster des Rupertiwinkels, das ehemalige Augustinerchorherrenstift Höglwörth

Solche Schreckmomente am frühen Morgen sind gar nicht mein Fall, zumal das Reh bei einem Zusammenstoß nicht unbedingt den Kürzeren gezogen hätte. Mit etwas weichen Knien und verminderter Geschwindigkeit setze ich meinen Weg nach Loipl fort.

Oben auf der Kuppe stehen eine kleine Kapelle und ein paar verstreute Häuser. Auch hier herrscht noch einsame Stille. Nach der Begegnung mit dem Reh nehme ich die Hinweisschilder auf Viehtrieb, die hinter dem Ort immer wieder entlang der Straße auftauchen, ein wenig ernster. Ich kann mir zwar kaum vorstellen, daß so früh am Morgen schon die Kühe grasen, aber auch mit diesen Tieren habe ich so meine Erfahrungen. Nicht überall im Berchtesgadener Land halten die Bauern das Vieh auf Wiesen mit Elektrozäunen. Hin und wieder suchen sich die Kühe ihr Futter auch im Straßengraben. Da genügt dann eine Kopfbewegung, und schon hat man einen dicken Kuhschädel vor der Verkleidung. Mitunter trabt das Vieh auch mitten auf der Straße, und wer dann bei einem Zusammenstoß Sieger bleibt, das ist wohl keine Frage.

Kurz vor der Ramsau mündet die kleine Nebenstrecke wieder in die Bundesstraße ein. »Paß auf, daß Du die Abzweigung zum Hintersee nicht verfehlst«, hatte mir Michael Mailhammer, der Besitzer vom Zellerhof, am Vorabend noch eingeschärft. »Da gibt es keine Ausschilderung. Fahr auf der B 305 ein kleines Stückchen rechts, bis links ein ganz kleiner Weg weggeht. Da stehen nur Schilder, daß für Busse die Durchfahrt gesperrt ist, daß es 18 Prozent Gefälle hat und die Geschwindigkeit auf 30 Sachen begrenzt ist.«

Ich finde die drei beschriebenen Schilder links neben der Straße, also muß ich auch auf dem richtigen Weg sein. Steil führt er hinunter zu ein paar Häusern, dann zwischen Wiesen hindurch in den Wald. Die Bäume stehen hier so dicht, daß der Wald finster und unheimlich ist. Plötzlich lichten sie

9

Motorrad-Pension

In Feldkirchen an der B 20 südlich von Freilassing sind Motorradfahrer in der Motorrad-Pension Zellerhof zu Hause. Der Chef ist begeisterter Gespannfahrer, die drei Kinder fahren ebenfalls Motorrad.

Motorrad-Treff

Vor allem in den Abendstunden und am Wochenende ist der große Parkplatz auf der mautpflichtigen Roßfeld-Ringstraße Treffpunkt für Motorradfahrer.

Eine ganze Weile beobachte ich den Mann in seinem Ruderboot, wie er immer wieder glücklos die Angel auswirft. Langsam kommt etwas Farbe und Stimmung in die Szenerie. Ganz zaghaft schiebt sich die Sonne hinter dem gewaltigen Felsmassiv des Hohen Göll empor. Ein paar Strahlen blitzen über die zerfurchten Zackenkronen. Sie tauchen den Hintersee und den ihn umgebenden Zauberwald in ein warmes, rötliches Licht. In den schönsten Pastelltönen schimmert die Seeoberfläche. Es ist, als erwache die ganze Landschaft zu neuem Leben.

sich ein wenig. Zwischen den Stämmen leuchtet die spiegelglatte Oberfläche des Hintersees hindurch.

Ich stelle mein Motorrad neben einer grünen Holzbank ab und schaue dem Angler zu, dessen Ruderboot einsam draußen auf dem See liegt. So früh am Morgen ist es hier richtig gespenstisch. Fahles Licht fällt auf den See, dahinter erhebt sich die graue Wand des Hohen Göll. Das gewaltige Massiv spiegelt sich auf der Oberfläche, die so glatt ist wie eine Eisfläche. Am See stehen nebeneinander große Hotels, Souvenirbuden und Cafés. Sie wirken wie ausgestorben. Am Nachmittag wird hier vor lauter Touristen wieder kaum ein Durchkommen sein, aber jetzt herrscht eine Totenstille.

Filigrane Schmiedekunst in Teisendorf

Mein knurrender Magen weckt mich aus meinen Träumereien. Eigentlich wäre es an der Zeit zu frühstücken, denn ich bin ohne einen Bissen vom Zellerhof aufgebrochen. Ich nehme noch einmal denselben Weg durch den Zauberwald hinauf zur Bundesstraße. Unweit der Kreuzung steht am Wegrand die mächtige Hindenburglinde mit einem Kronendurchmesser von über 35 Metern. Wie alt die Linde ist, weiß auch der Besitzer des benachbarten Cafés nicht zu sagen. »Über tausend Jahre sind es schon, aber so genau weiß das keiner«, meint er, als er mir mein Frühstück auf den Tisch stellt. Für Schleckermäuler ist dieses Café an der Hindenburglinde übrigens ein Geheimtip. Hier gibt es riesige Windbeutel mit viel, viel Sahne.

Nach der ausgiebigen Stärkung halte ich mich nordwärts auf der Deutschen Alpenstraße, denn rund um Berchtesgaden beginnt jetzt die Zeit der Touristen. Vereinzelt sieht man sie auch schon auf dem Weg nach Inzell, wie sie irgendwo ihren Wagen abstellen, ihren Rucksack schnüren und mit klobigen Wanderstiefeln davonstapfen. Kaum ist die Sonne aus dem Schatten der Berge herausgetreten, kommen sie in Scharen aus ihren Hotels und Pensionen. So malerisch die Gegend auch ist, so gefährlich wird sie dann. Manch ein Autofahrer hatte mich schon die Tage zuvor zur Weißglut gebracht. Die Zahl meiner Flüche kann ich inzwischen nicht mehr zählen. Es ist immer wieder dasselbe: Ganz plötzlich entdecken sie in ihren Blechkisten einen Berggipfel, ein altes Bauernhaus oder auch nur ein paar Blumen am Wegrand, und schon treten sie unverhofft auf die Bremse. Mitten auf der Straße bleiben sie stehen, zuckeln dann noch ein paar hundert Meter im Schneckentempo, um einige Kilometer weiter das Spielchen zu wiederholen. Ständiges Mitdenken für andere wird zum Dauerzustand, aber ab und zu muß schon mal ein Schutzengel eingreifen, so unvermittelt leuchten mitunter auf freier Strecke die Bremslichter des Vordermannes auf.

Inzell und Ruhpolding sind mir an diesem Morgen keinen Abstecher wert. Das Eisstadion von Inzell, Austragungsort vieler internationaler Meisterschaften, ist jetzt im Sommer ohne Glanz. Und in Ruhpolding stört mich schon allein die Tatsache, daß es hier mehr Gästebetten als in Berchtesgaden gibt. 7000 Einwohner hat dieser Fremdenverkehrsort, hinzu kom-

Eisspeedway

Das Eisstadion von Inzell, Austragungsort vieler internationaler Eisschnellauf-Wettbewerbe, lockt im Winter auch mit Eisspeedway-Rennen.

Die faszinierende Bergwelt des Berchtesgadener Landes

men noch einmal 7000 Touristen. Der hektische Rummel ist da schon vorprogrammiert.

Viel mehr begeistern können mich die drei Seen zwischen Ruhpolding und Reit im Winkl. Inmitten dieser Seen haben sich kleine, bewaldete Inseln gebildet, die sich im flachen Wasser spiegeln. Eingerahmt wird diese bezaubernde Landschaft von schroffen Bergen.

Sechs Kilometer vor Reit im Winkl geht es hinauf zur Winklmoos-Alm, der Heimat von Olympiasiegerin Rosi Mittermaier. Zwanzig Prozent Steigung hat die Straße, die breit ausgebaut und mit Spiegeln gesichert ist. Aber weder die Alm selbst noch der Ausblick vom Hochplateau ist die Mautgebühr wert, die für die Fahrt auf der Privatstraße berappt werden muß.

Reit im Winkl komplettiert das Chiemgauer Feriendreieck und steht Ruhpolding und Inzell in punkto Tourismus und Rummel kaum etwas nach. Ruhiger geht es da schon ein Stückchen weiter in Marquartstein oder Grassau zu, wo sich der Urlauberstrom in Grenzen hält.

Eigentlich bietet sich in Reit im Winkl ein kleiner Abstecher hinüber nach Österreich und über den Engpaß Klobenstein zurück nach Deutschland an. »Den Grenzübergang bei Reit im Winkl meidest Du besser«, hatte mich aber schon vor Tourbeginn ein anderer Motorradfahrer gewarnt. »Die Grenzer haben irgendetwas gegen Motorradfahrer. Da wird jede Schraube überprüft. Und wehe, es stimmt etwas nicht.« Ich verspüre eigentlich wenig Lust, diese Geschichte einer Überprüfung zu unterziehen und mich möglicherweise ausgiebig kontrollieren zu lassen. Also bleibe ich auf deutscher Seite, durchquere Aschau mit dem in

So still und einsam ist es selten am Chiemsee

der Ferne erkennbaren Schloß Hohenaschau und erreiche schließlich über Frasdorf das Gebiet des Samerbergs.
Ganz versteckt im Winkel des Autobahndreiecks Inntal liegt dieses Mittelgebirge, das aber durch die nahe Autobahn noch keinen Schaden genommen hat. Eine traumhafte Straße zieht von Törwang über Eßbach und Pösnach nach Neubeuern. Vergessen sind all die Touristen, die den Chiemgau weiter östlich bevölkert haben: Ich kann diese ursprüngliche oberbayerische Natur in vollen Zügen genießen, denn kaum ein Auto ist auf der Straße.

Trial

In Kiefersfelden an der deutsch-öster-reichischen Grenze werden zahlreiche Trial-Wettbewerbe ausgetragen, unter anderem auch für die Deutsche Trial-Meisterschaft.

Bergrennstrecke

Auf der Roßfeld-Ringstraße wurden früher Bergrennen für Motorräder und Autos gefahren. Später gingen nur noch Rennwagen an den Start, bis die Bergrennen völlig eingestellt wurden.

Prächtige Ausblicke bieten sich vom Samerberg. Im Süden erhebt sich die gewaltige Alpenkette, im Norden lockt wie ein grüner Teppich das Voralpenland, in dem die spiegelnden Oberflächen der vielen kleinen Seen blinken.

Der Tinninger See ist der erste von ihnen, den ich vom Samerberg aus anfahre. Dann geht es weiter zum Simsee, einem der wärmsten Badeseen in dieser Region. Von hier aus ist es nur ein Katzensprung nach Prien oder Rimsting am Chiemsee, aber mich locken vorher noch ein paar andere Gewässer: die Eggstätter Seenplatte.

17 Seen liegen hier fast Ufer an Ufer, alles sogenannte »Toteis-Seen«, die während der Eiszeit entstanden sind. Die nahen Urlauber am Chiemsee scheinen diese Idylle, die Naturschutzgebiet ist, noch nicht entdeckt zu haben.

Zum Glück noch nicht, denn die hügelige Seenplatte ist so reizvoll und unverfälscht, daß Souvenirläden und protzige Hotels den ganzen Charakter dieser Gegend zerstören würden.

Auf den Straßen zwischen Eggstätt, Obing und Seeon fühle ich mich ungeheuer wohl. Keine Wohnwagengespanne bringen den Verkehr zum Erliegen, keine Autofahrer sind unterwegs, die zu halsbrecherischen Bremsmanövern nötigen. Getrost kann ich ab und zu einen Blick auf die sanft geschwungene grüne Hügellandschaft werfen, die immer wieder durch kleine Seen unterbrochen ist.

In Gstadt am Chiemsee hat die Herrlichkeit abrupt ein Ende. Hier laufen die Dampfer zur Chiemsee-Kreuzfahrt aus. Es reizt mich nicht im geringsten, die Sitzbank meiner Gold Wing mit einem Platz auf dem Dampfer zu vertauschen, um mit einer Touristenkarawane den Versailles-Nachbau des Märchenkönigs Ludwig II. auf Herrenchiemsee zu bestaunen. Die Schloßbeleuchtung samstags mit 2300 Kerzen mag ja recht romantisch sein, aber bei den vielen Menschen, die schon unter der Woche nach Herrenchiemsee drängen, wird die Romantik letztendlich wohl doch auf der Strecke bleiben.

Die Segler und Surfer, die mit ihren farbigen Segeln den See zu einer buntgetupften Fläche machen, scheinen das »Bayerische

Viel Fahrspaß bietet eine Tour durchs Gebirge auf drei Rädern

Meer« zu lieben. Kein Wunder, denn sie müssen sich nicht auf einer vorgegebenen Straße mit all den Autofahrern herumärgern. Mit dem gehäkelten Überzug auf der Hutablage lassen sie ohnehin Schlimmes befürchten. Ich jedenfalls bin recht glücklich, als ich hinter Chieming die Uferstraße verlasse und wieder auf etwas abgelegeneren Nebenstrecken ungestört touren kann.
Es zieht mich wieder hinüber ins Berchtesgadener Land, genauer gesagt in den Rupertiwinkel. Seit 1816 trägt die Gegend um Teisendorf, Freilassing und Ainring diesen Namen. Damals wurde das Fürstentum Salzburg aufge-

teilt, und der Landstrich links der beiden Flüsse Salzach und Saalach fiel an Bayern. Der Name Rupertiwinkel soll an die Verbundenheit mit der Stadt Salzburg erinnern, die von dem heiligen Rupert, Schutzpatron des Salzes, gegründet wurde.
Bevor ich aber weiter östlich fahre, mache ich schnell noch einen Abstecher hinauf zum Ferienpark Vorauf. Auf einer Bergkuppe stehen kleine Häuschen, deren Dach bis auf den Boden heruntergezogen ist. Eine richtige Siedlung mit vielen Rundwegen zwischen den einzelnen Häusergruppen ist hier entstanden. Der Ferienpark war in den Köpfen der Planer als Olympisches Dorf gedacht, falls Berchtesgaden den Zuschlag für die Winterspiele

1992 bekommen hätte. Nach der Absage werden sich wohl weiterhin die Urlauber in dem Ferienpark tummeln.

Auf dem Weg von Teisendorf nach Ainring und Piding läßt mich dann zum ersten Mal auf meinen vielen Reisen kreuz und quer durch Deutschland die Generalkarte im Stich. Immer wieder stehen winzige Wegweiser am Straßenrand, die auf Ortschaften hindeuten, die ich beim besten Willen nicht auf der Karte finden kann. Weiler wie Schloßried, Seeleiten oder Heutau sind nirgendwo verzeichnet. Solche Schilder locken natürlich, zumal sie meist an Wegen stehen, die gerade für ein Auto breit genug sind.

Der Erkundungsdrang wird immer wieder belohnt. Traumhaft geschwungene Sträßchen führen zu kleinen Siedlungen, die oft nur aus drei oder vier Häusern bestehen. Zwischen Weidezäunen geht es entlang an grünen Wiesen, auf denen die Kühe grasen. Oft sind die Tiere so nah, daß ich nicht einmal das Motorrad abstellen muß, um sie zu streicheln. Manchmal erwische ich eine kleine Straße, die schon nach wenigen hundert Metern wieder in die Hauptstrecke einmündet. Dann habe ich das Glück, kilometerlang auf schmalen Wegen über Wiesen und durch Wälder zu bummeln, bis ich irgendwo wieder auf eine Straßenkreuzung treffe.

Morgenstimmung am Hintersee vor Sonnenaufgang

Schilder sind dort in der Regel Mangelware, so daß die Weiterfahrt zum Lotteriespiel wird. Nicht immer ist meine Richtungswahl ein Volltreffer. Ein ums andere Mal muß ich umkehren, weil ich wieder auf den Ausgangspunkt treffe.

Aber diese Bummelei auf unbekannten Nebenstrecken macht Spaß. Verkehr gibt es dort ohnehin nicht, höchstens mal ein Traktor kommt des Weges. Es wird richtig zur Sucht, unbekannten Wegweisern zu folgen und dann in Gedanken zu spekulieren, was mich denn wohl nach der nächsten Kurve oder hinter einem Hügel erwartet.

Voran komme ich natürlich kein bißchen, denn mehr als einmal drehe ich mich im Kreis. Aber wo sonst bietet sich die Gelegenheit, mitten in der Natur völlig ungestört über kleine Wege zu touren. In Höglwörth unterbreche ich meine Nebenstraßen-Bummelei für eine Rast. Der Klosterwirt mit seinem schattigen Biergarten ist einfach zu einladend, um gleich wieder weiterzufahren.

Gegenüber dem Biergarten liegt das ehemalige Augustiner-Kloster malerisch auf einer Halbinsel des Höglwörther Sees. Im Wasser tummeln sich Schwärme von Fischen, die Oberfläche ist mit gelben Seerosen übersät. Höglwörth ist sicherlich das romantischste Kloster des Rupertiwinkels, vielleicht sogar das romantischste ganz Oberbayerns.

Ein Ausleger des Thumsees, überwuchert mit Seerosen

Vom Rupertiwinkel zieht es mich noch einmal hinunter in den südlichsten Zipfel des Berchtesgadener Landes, hinunter in die Ramsau, wo ich am Morgen auf den Sonnenaufgang gewartet hatte. Es ist nicht etwa der Königssee mit seinem weltberühmten Echo und der millionenfach fotografierten Kapelle St. Bartholomä, der mich noch einmal dorthin lockt. Dazu ist mir der Umtrieb der Touristen in dieser Ecke viel zu groß. Schon eher ist es der Watzmann, der »Schicksalsberg«, wie ihn der österreichische Liedermacher Wolfgang Ambros in einem seiner Songs nennt. Er ist der wahre König des Berchtesgadener Landes. Seine berühmt-berüchtigte Ostwand ist die höchste Wandflucht der Ostalpen. Sieben Gipfel überragen Berchtesgaden: der Watzmann, die Watzmannfrau und ihre fünf Kinder. Der Sage nach sind diese Gipfel die versteinerte Familie des bösen Königs Watze.

In erster Linie reizen mich aber die Straßen, die von Berchtesgaden aus mit atemberaubender Steigung hinauf in die Berge führen. Die steilste von ihnen klettert mit 24 Prozent Steigung hinauf zum Obersalzberg. Die Autos vor mir kriechen im ersten Gang den Anstieg hinauf, so beschwerlich ist die Straße. Selbst mit dem Motorrad ist es schwierig, zwischen den engen, unübersichtlichen Kurven zu überholen. Die Autos laufen nach und nach zu einer Kette auf, denn für sie besteht erst gar keine Möglichkeit, den langsamen Vordermann zu passieren.

Ist dann mal die Straße frei, macht es Spaß, eine so ungewöhnlich steile Straße wie eine Berggemse hinaufzuklettern. Ganz einfach ist es nicht, denn manche Kurven sind nicht nur eng, sondern die Fahrbahn fällt im Scheitel auch noch stark nach innen ab.

Am Salzberg, kurz vor der Abzweigung zum Obersalzberg, geht es linker Hand zwischen zwei Steinmauern in eine Einfahrt hinein. »Skytop Lodge« steht dort auf einem Schild zu lesen. Ich rolle ein paar Meter die Einfahrt hinunter, dann stehe ich auf einem riesigen Parkplatz. Vor mir ein langgestreckter Gutshof mit einem silbrigglänzenden Blechdach, rechts davon ein schön hergerichtetes Haus von der Größe eines mittleren Hotels. Das ganze Gelände ist Bestandteil eines Recreation Centers der US-Army, also eines Erholungszentrums.

Ich stehe vor diesen beiden Gebäuden und kann nur verständnislos den Kopf schütteln. Es ist schon makaber: Diese Skytop Lodge, in der sich heute gestreßte amerikanische Soldaten erholen, war früher ein Nazi-Gutshof. Er lag mitten in einem zehn Quadratkilometer großen Sperrgebiet, das nur für Offiziere mit einem besonderen Ausweis zugänglich war. Nicht weit von der heutigen Skytop Lodge entfernt, am Nordosthang des Obersalzbergs, hatte Adolf Hitler seinen prunkvollen Landsitz, den Berghof. Er wurde kurz vor Ende des Krieges zerstört, die Reste später gesprengt. Nicht nur Hitler hatte sich auf dem Obersalzberg eingenistet, auch Hermann Göring und Martin Bormann hatten hier ihre Landsitze. 500 Millionen Reichsmark sollen in diesem Areal verbaut worden sein. Alleine 3000 laufende Meter Bunker gab es unter der Erde. Ein übriggebliebenes Relikt ist auch das Kehlsteinhaus, wie das einstige »Teehaus« Hitlers offiziell heißt. Die Amerikaner gaben ihm den Namen Adlernest. Die Straße

Speedway

Der MSC Ruhpolding veranstaltet in dem Ferienzentrum Speedway-Rennen.

Der König des Berchtesgadener Landes: der Watzmann mit Frau und den fünf Kindern

hinauf auf 1834 Meter ist für Privatfahrzeuge gesperrt, aber Postbusse fahren regelmäßig zu dem heute vom Alpenverein als Berggasthof betriebenen »Teehaus« hinauf.

Daß solch makabre Einfälle der Amerikaner wie das Erholungszentrum Skytop Lodge kein Einzelfall sind, wird mir ein paar Kurven weiter am Obersalzberg klar. Dort steht das protzige General Walker-Hotel, in dem es im Innern gar nicht so fürstlich zugehen soll, wie man das nach dem äußeren Eindruck vermutet.

Auch dieses General Walker-Hotel hat eine braune Vergangenheit. Es ist der ehemalige Platterhof, das Gästehaus des Berghofes. Hier war nur für überzeugte »Volksgenossen« Platz. Heute trägt es den Namen von General Walton Harris Walker, der als Kommandeur des XX. US-Corps die Gefangenen im KZ Buchenwald befreite. Ob es ihm zur Ehre gereicht, daß sein Name heute an einem ehemaligen Nazi-Hotel prangt, vermag ich doch stark zu bezweifeln.

Nach so viel Nazi-Vergangenheit steht mir der Sinn wieder nach etwas Natur. Am General Walker-Hotel biege ich rechts zur Dürreckstraße ab. Als sich nach einer

Motorrad-Pension

Linkskurve ganz kurz einmal der Wald lichtet, gibt eine breite Schneise einen fantastischen Blick hinunter ins Tal auf Berchtesgaden frei.

Besonders begeistert bin ich aber von der Scharitzkehl-Alm, deren schmale Zufahrt so gut hinter einem Felsvorsprung versteckt ist, daß ich erst einmal daran vorbeibrause. Die Alm mit ihrer großen Gartenwirtschaft liegt in einem Kessel, halbkreisförmig umgeben von steilen Felswänden. Ein staubiger Lehmweg führt zu dieser Gaststätte, die jetzt in den frühen Abendstunden malerisch von den leicht rötlich angestrahlten Felsen umrahmt wird. Der Ort ist wie geschaffen für eine abendliche Brotzeit.

Meine Tischnachbarin, eine ältere Dame mit Kniebundhosen und Trachtenjanker, scheint ein Herz für Motorradfahrer zu haben. »Fahren Sie den Berg hinauf, bis sie an einen Parkplatz kommen. Es scheint dort nicht mehr weiter-

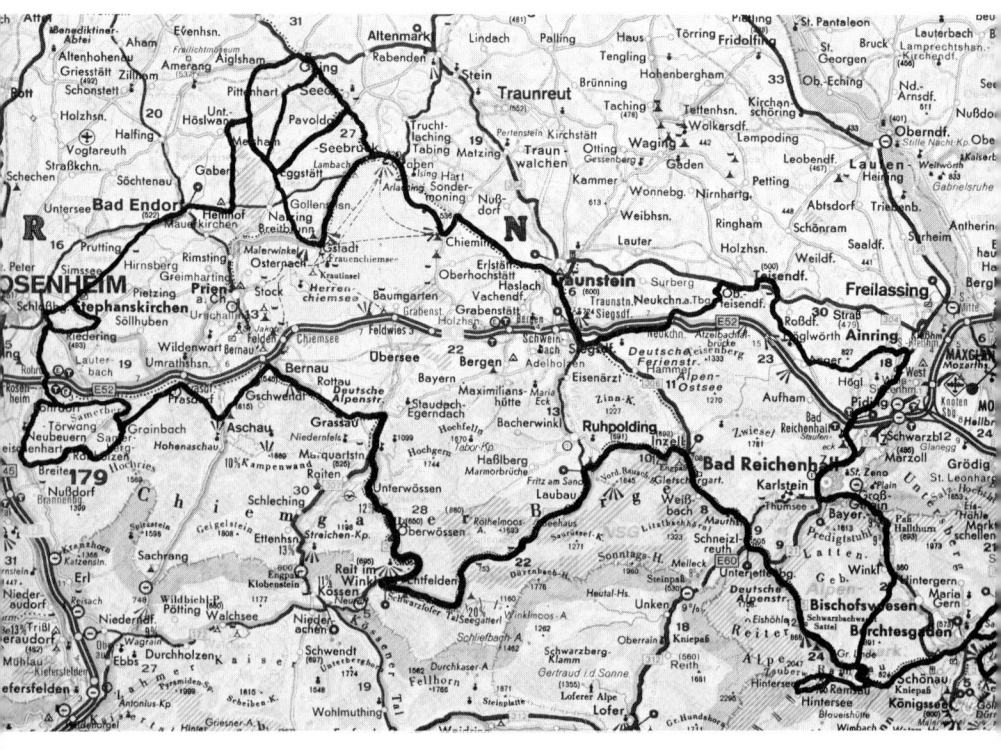

zugehen, aber fahren sie nur immer durch«, empfiehlt sie mir. »Ganz am Ende gibt es rechts noch eine unscheinbare Abzweigung. Dahinter liegt eine kleine Straße mit vielen Kurven. Die wird Ihnen bestimmt gefallen.« Solche Tips weiß ich zu schätzen. Ich bin gespannt, was mich da erwartet. Tatsächlich gibt es diese Straße, die zwar recht eng, dafür um so kurvenreicher ist. Mitten durch den Wald führt sie steil hinunter ins Tal. Ab und zu lichten sich ein wenig die Bäume. Dann fällt mein Blick hinüber auf den Watzmann mit seiner Frau und den fünf Kindern. Die alte Dame hat wirklich nicht zu viel versprochen. Solche schmalen, kurvenreichen Straßen lieben wohl alle Motorradfahrer. Mit dem Rodelschlitten hätte ich bei den engen Kurven auf dieser Strecke allerdings so meine Bedenken. Nach ein paar hundert Meter könnte man mich wohl schon im Unterholz auflesen. Darum kann ich mich über ein Schild am Ende des Sträßchens auch nur wundern, das vor Schlittenfahrern auf dieser Strecke warnt.

Zurück nach Berchtesgaden führt mich diese Etappe auf der schmalen Straße. Ich streife die Stadt noch einmal am Rand und folge den grünen Schildern zur Roßfeld-Ringstraße. Die ehemalige Bergrennstrecke ist mautpflichtig, aber ihr Geld allemal wert. »Da kannst Du aber erst am Abend hin, wenn die ganzen

Motorrad-Treff

Zu den bekanntesten Motorrad-Treffpunkten gehört das Sudelfeld oberhalb der Tatzelwurm-Straße. Zeitweise war die Auffahrt zum Treffpunkt für Motorradfahrer gesperrt; durch eine gerichtliche Entscheidung ist sie aber wieder befahrbar.

Bergrennstrecke

Der Samerberg am Inntal-Dreieck ist neben der Roßfeld-Ringstraße die zweite ehemalige Bergrennstrecke in dieser Gegend.

Preißn weg sind«, hatte mir Reiner, ein einheimischer Motorradfahrer, tags zuvor erklärt. Die angeschliffenen Ventildeckel seiner BMW wiesen ihn als Spezialisten für solche Strecken aus. Großzügig gebaut ist die Roßfeld-Ringstraße, mit einem griffigen Belag und wunderschönen Kurvenkombinationen. Ein ganzes Stück führt sie direkt an der österreichischen Grenze entlang. Eine Kontrolle ist hier aber überflüssig, denn neben der Straße geht es allenfalls mit einem Seil und Bergsteigerausrüstung steil an der Wand entlang hinunter ins Tal. Hoch oben in einer der Felswände auf österreichischer Seite steht eine Hütte, mit der es eine besondere Bewandtnis hat. »Die Küche ist auf österreichischer Seite, die Wirtsstube aber auf

*deutscher«, erklärt mir ein Auto-
fahrer, der gerade auf dem Parkplatz in einem Reiseführer blät-
tert.
Jetzt am Abend ist am Roßfeld
tatsächlich kaum mehr etwas los.
Nur noch vereinzelt drehen ein
paar einheimische Motorradfahrer
ihre Runden. Das Salzkammergut
und der Dachstein, auf die der
weite Blick von der Straße aus
fällt, liegen längst im Schatten.*

**Leicht geschwungen ziehen die Stra-
ßen durch den hügeligen Chiemgau**

*Auf deutscher Seite sind die
Berge hingegen in das rötliche
Licht der untergehenden Sonne
getaucht.
Ich halte ein letztes Mal an einem
Parkplatz auf der Ringstraße. Die
tiefstehende Sonne scheint mir
genau aufs Visier und blendet
mich. Ich stelle den Motor ab und*

Generalkarte
Blatt 26

setze mich auf ein Holzgeländer.
Vor mir die breite Bergkette, de-
ren zerklüfteter Kamm von einem
dünnen Lichtsaum geziert wird.
Langsam schiebt sich die glutrote
Sonne hinter einen der Gipfel.
Stück für Stück verschwindet sie.
Langsam steigen weiße Nebel-
schwaden aus dem Tal empor.
Urplötzlich fröstelt es mich wieder.
Ich schwinge mich auf die Gold
Wing, erwecke den Boxermotor
zum Leben und tuckere davon.
Zurück zum Zellerhof, wo schon

ein zischendes Weißbier auf mich
wartet. Nach solch einer traumhaften Tour schmeckt es sicherlich doppelt gut.

Infos

**Landesfremdenverkehrsverband
Bayern e.V.**
Prinzregentenstraße 28
8000 München 22
Telefon 089 / 22 94 91–93

Kurdirektion Berchtesgadener Land
Postfach 2240
8240 Berchtesgaden
Telefon 0 86 52 / 50 11

Verkehrsverband Chiemgau e.V.
Postfach 1509
8220 Traunstein
Telefon 08 61 / 5 82 23

UNBEKANNTES AMMERLAND

Mit dem Ammersee oder gar dem Ammergebirge in Oberbayern hat das Ammerland nicht das Geringste zu tun. Der kleine Landstrich westlich von Oldenburg ist flach und von Touristen weitgehend unbeachtet. Uninteressant ist er aber deswegen nicht.

»Wissen Sie, woher der Name Wattenmeer kommt?« Der Wirt in der »Aal-Reuse« in Bad Zwischenahn schaut uns fragend an und schmunzelt dabei. »Das ist ganz einfach«, meint er. »Ein Ostfriese hatte eine Düne erklommen und entdeckte das dahinterliegende Meer. ›Oh, wat en Meer‹, rief er bei diesem Anblick aus, und so bekam das Wattenmeer seinen Namen.« Wir müssen schallend lachen, was für ihn Anlaß ist, noch einen Witz obendrauf zu setzen. »Der Ostfriese griff dann am Strand in den Sand und betrachtete sich den Klumpen, den er in der Hand hielt. Dann murmelte er: ›Ein Kilo Watt‹, und so entstand die Maßeinheit Ki-

lowatt für die elektrische Leistung.« Ostfriesenwitze scheinen nicht nur in Süddeutschland zum Standardrepertoire von Alleinunterhaltern zu gehören. Selbst im Ammerland verschont man die unmittelbaren Nachbarn nicht mit Spott. Vielleicht liegt das daran, daß die Ostfriesen einst versuchten, den massiven Turm der Wehrkirche St. Petri im ammerländischen Westerstede zum Einsturz zu bringen. Zumindest erzählt man sich das in den alten Katen rund um das Zwischenahner Meer.

Schenkt man den Stammtisch-Geschichten Glauben, so banden die Ostfriesen eines Nachts ein dickes Tau an die Spitze des Kirchturms in Westerstede. An das andere Ende des Seils spannten sie Ochsen, die mit aller Kraft versuchten, den Turm zum Einsturz zu bringen. Aber je stärker die vorderen Ochsen zogen, desto höher hingen die hinteren am Seil. Als die Ostfriesen merkten, daß sie alle Ochsen aufgeknüpft hatten, schlichen sie sich im Schutze der Dunkelheit von dannen.

Ob es sich bei dieser Geschichte um eine wahre Begebenheit oder die Erfindung einer lustigen Stammtischrunde handelt, weiß heute niemand mehr. Letzteres er-

scheint aber weitaus wahrschein-
licher, denn Essen und Trinken gehören zu den Lieblingsbeschäfti-
gungen der Ammerländer. Ohne
Alkohol geht es dabei nie ab, denn

**Rhododendron und Fachwerkhäuser
mit roten Klinkersteinen bestimmen
das Bild im Ammerland**

Grasbahnrennen

**Rastede ist Austragungsort von inter-
nationalen Grasbahnrennen.**

Sandbahnrennen

**Im Friesenstadion Moorwinkelsdamm
in Westerstede driften die Sandbahn-
fahrer durchs Oval.**

Grasbahnrennen

**»Um die goldenen Hünensteine«, un-
ter diesem Titel veranstaltet der MSC
Hümmling im gleichnamigen Ort ein
Grasbahnrennen.**

die Kost ist kräftig und fetthaltig.
Räucheraale sind eine besondere
Spezialität des Ammerlandes.
Kenner und Könner häuten sie auf
einen Zug ab, nehmen sie zwischen die Finger und lutschen sie
ab. Mit Schnaps werden anschließend die Hände gewaschen, wobei
der edle Tropfen ausschließlich als
Waschwasser-Ersatz natürlich viel
zu schade ist. Der Schnaps fließt
auch in die Kehlen, und das in einer besonderen Zeremonie.
Gläser sind im Ammerland ver-
pönt. Hier wird der Schnaps »gelöf-
felt«. »Jeder Ammerländer hat seinen eigenen Löffel, den er in der

Tasche bei sich trägt«, erklärt uns der Wirt der »Aal-Reuse«, Wilhelm Rusack. »Wegen der Bakterien müssen die Löffel aus reinem Zinn sein. Darüber wacht in den Gaststätten sogar das Gewerbeaufsichtsamt.«
Der Löffel wird mit der linken Hand gepackt, denn die rechte hat tagsüber gearbeitet und darf nun ruhen. Dann wird der Trinkspruch gemeinsam angestimmt: »Ick seh di!« (Ich sehe dich) – »Dat freit mi!« (Das freut mich) – »Ick sup di to!« (Ich trink dir zu) – »Dat do!« (Tu das). Nach einem kräftigen »Prost« geht es weiter: »Ick heb di tosapen!« (Ich hab dir zugetrunken) – »Hest'n Rechten drapen« (Hast den Richtigen getroffen).
Daß der Löffel anschließend ausgiebig abgeschleckt wird, hat nichts mit Alkoholsucht zu tun. Ein Tropfen Schnaps auf dem Tablett hätte vielmehr unangenehme Folgen. »Wessen Löffel auf dem Tablett nach dem Trinken einen Rand hinterläßt, der muß die nächste Runde zahlen«, sagt Wilhelm Rusack. Wir haben vorsichtshalber die Motorräder vor dem Hotel gelassen, denn als Fremde sind wir im Löffelablecken noch nicht so geübt. Da wird manche Runde fällig, die anfangs gar keine Wirkung zeigt. Denn der Ammerländer Schnaps ist sanft und läuft wie Öl die Kehle hinunter. »Das liegt daran, daß er nur 32 Prozent hat, während der Korn sonst 38 Prozent hat«, meint der Wirt der »Aal-Reuse«. Erst am späten Abend

Eine absolute Delikatesse: geräucherter Aal aus dem Ammerland

merken wir, daß die Nachlässigkeit beim Löffelablecken den klaren Verstand ein wenig trübt.
Am nächsten Morgen sind wir aber putzmunter, als wir uns auf die Motorräder schwingen, um das Ammerland zu erkunden. Hochgesteckt sind unsere Erwartungen schon, denn die Fremdenverkehrswerbung verspricht eine Landschaft, die weitgehend unbekannt ist und in der es für Autofahrer nichts gibt, was sie zu einem Zwischenstopp veranlassen könnte.
Ein Landstrich also, in dem wir uns als Motorradfahrer recht wohl fühlen müßten.
Klammert man einmal das Gebiet um das Zwischenahner Meer aus, das sich zu einem durchaus noch erträglichen Kurgebiet aufgeschwungen hat, muß man dem Reiseführer recht geben. Auf den schmalen Straßen, die durch die Wiesen und Moorlandschaften hindurchziehen, sind wir mit ein

paar Einheimischen alleine. Touristen sind Mangelware. Aber auch Motorradfahrer besitzen Seltenheitswert. Nur ein paar Mal pro Tag können wir die linke Hand zum Gruß heben.

Irgendwie ist das schon ein komisches Gefühl, wenn man auf zwei Rädern in der nördlichen Ecke Deutschlands unterwegs ist. Für Motorradfahrer aus Oldenburg, Bremen oder Flensburg sind die kilometerlangen Geraden ohne den geringsten Knick das tägliche Brot. Süddeutsche, für die kurvenreiche Paßstraßen Hausstrekken sind, tun sich da schon ein wenig schwerer. Diese monotonen Geraden führen nämlich leicht dazu, daß man die Aufmerksamkeit mehr der umliegenden Gegend als der Strecke widmet. Auch wenn das Verkehrsaufkommen gering ist, sind solche

Typisch für das Ammerland: die heruntergezogenen, reet-gedeckten Häuser

Eskapaden gefährlich. Denn Traktoren, die oft mehr als die Hälfte der Straßenbreite brauchen, gibt es zuhauf. Und eine Berührung mit diesen stabilen Fahrzeugen kann schlimme Folgen haben. Das Ammerland ist kein Gebiet für spritzige Zweitakter und hohe Drehzahlen, für Renn-Replicas und abgeschliffene Fußrasten. Das Land ist eben und flach, die Straßen erinnern von ihrem Verlauf her fast an die endlosen Highways in den Vereinigten Staaten. Nur schmaler sind die Straßen, bisweilen uneben und holprig, ab und zu auch noch mit groben Steinen gepflastert. Chopperfahrer und Tourer kommen hier auf ihre Kosten, wenn sie ge-

mütlich durch die Moorlandschaft bummeln.

Lebende, wachsende Moore, in denen unter einer natürlichen Vegetationsdecke noch immer Torf gebildet wird, sind im Ammerland kaum noch zu finden. Neben der Straße können wir nur weitläufige Wiesen und Getreidefelder entdecken. Durch die Moorkultivierung wurden fast alle Moore in die Kulturlandschaft integriert. Erst als wir vom Motorrad absteigen und ein Stückchen über die Wiesen laufen, wird uns schnell deutlich, daß wir nicht über einen gewöhnlichen Erdboden laufen, sondern über ein ehemaliges Moorgebiet. Es quietscht unter den Motorradstiefeln bei jedem Schritt auf dem braunen Untergrund.

»Jetzt ist mir auch klar, warum hier diese Monster-Traktoren mit den überdimensionalen Zwillingsreifen herumfahren«, meint Georg, als wieder einmal seine Stiefelsohle im Moorboden versinkt. »Mit dieser doppelten Bereifung am Hinterrad kommen die Traktoren in dem morastigen Untergrund viel besser vorwärts.« Die Zugmaschinen mit den beiden nebeneinanderliegenden, ballonförmigen Reifen sind nicht nur die breitesten Fahrzeuge, die uns auf unserer Rundfahrt begegnen, sondern auch die auffälligsten. Mit ihrer Doppelbereifung finden sie bei der Ackerbestellung auf den ausgedehnten Fehnkulturen ausreichend Griff in den entwässer-

Geländefahrt

Veranstalter einer Geländefahrt für Motorradfahrer ist der Rasteder AMC.

Motorrad-Treffpunkt

Freitagabends ist der große Motorradparkplatz mitten in der Fußgängerzone von Oldenburg Treffpunkt der Motorradfahrer.

ten Moorgebieten.

Unweit von Barßel, in Elisabethfehn, legen wir eine kleine Pause ein, um uns im dortigen Moor- und Fehnmuseum ein wenig über die Torfgewinnung und Moorkultivierung zu informieren. Das Museum ist in einem ehemaligen Kanalwärterhaus an dem einzigen noch schiffbaren Fehnkanal Deutschlands untergebracht.

Fehn, so erklärt man uns dort, bedeutet Moor und Torf. In vielen Ortsnamen der Umgebung taucht dieses Wort wieder auf, so in Moslesfehn oder Augustfehn. Das bedeutet, daß diese Ortschaft nach der Fehnkultur angelegt wurde.

Bei der Verfehnung werden die Moore systematisch durch den Bau von Kanälen entwässert. Ein ganzes Netz dieser kleinen Wasserwege durchzieht fast schachbrettartig das Ammerland. In den Kanälen fließt nicht nur das Wasser aus den Moorgebieten ab, sondern sie werden gleichzeitig

Wie anderswo die Kühe werden im Ammerland die Schweine auf der Weide gehalten

zum Abtransport des gestochenen Torfs genutzt. Anschließend wird Schlick und eine Mischung aus Bunkerde und Weißtorf auf die entwässerten Moorgebiete aufgeschüttet, so daß sie landwirtschaftlich genutzt werden können. Gleich hinter Elisabethfehn stoßen wir am Straßenrand auf ein ehemaliges Moorgebiet, das eine besondere Verwendung hat. Auf der

Sandbahnrennen

Der Kurort Bad Zwischenahn ist Austragungsort eines internationalen Sandbahnrennens, das der MSC Bad Zwischenahn veranstaltet.

Grasbahnrennen

Das Internationale Oldenburger AD AC-Grasbahnrennen Apen veranstaltet regelmäßig der MSC Oldenburg.

Weide muht es nicht, sondern es quiekt und grunzt. »Wir halten die Schweine meistens draußen«, meint der Bauer, als er unsere verwunderten Gesichter sieht. »Das gibt einen besseren Schinken.«
Der Ammerländer Schinken ist neben dem Räucheraal, den die Einheimischen auch Smortaal nennen, die zweite Spezialität. Er wird in Katen geräuchert und darf nach einem althergebrachten Aberglauben erst nach dem ersten Kuckucksruf angeschnitten werden, damit er seinen vollen Geschmack entfalten kann.
Die Katen und Wohnhäuser im Ammerland bilden nur selten eine zusammenhängende Siedlung, in der sich ein Haus dicht an das andere reiht. Kilometerlang säumen die roten Klinkerbauten die Straße, jeder in gebührendem Abstand zum Nachbarn. Der Vorgarten mit ein paar bunten Blumen, hier und da auch mit einem selbstgebastelten Gewächshäuschen, fehlt nie.
Rund um das Zwischenahner Meer stehen, zwischen dichten Laubbäumen versteckt, auch noch viele der romantisch anmutenden Häuser mit ihren dicken Reetdächern. Für ein paar Minuten rollen wir in einen von Büschen umsäumten Hof und stoßen auf ein etwas windschiefes Klinkerhaus, dessen Schilfdach schon einigen Generationen Schutz geboten hat. »Dieses Haus steht schon seit 1715«,

erzählt uns der Besitzer Heinrich Schwengels stolz, der keineswegs gram ist, daß eine Gruppe Motorradfahrer seine Sonntagsruhe stört. »Ich freue mich, wenn Ihnen das alte Haus gefällt«, meint er mit leuchtenden Augen und führt uns ins Innere. Wie zu Urgroßmutters Zeiten sieht es in dem Haus aus, das von krummen, aber massiven Balken gestützt wird. Der derbe, alte Holztisch, klobige Kommoden mit filigranen Verzierungen und ein Küchenschrank mit milchigen Scheiben würde das Herz jedes Antiquitätensammlers höher schlagen lassen.

Das reetgedeckte Dach mit dem schmucken Fenster unter dem Giebel ist fast einen halben Meter dick. »Das Schilf wird so aufgeschichtet, daß das Dach absolut dicht ist. Da kann kein einziger Tropfen Wasser durchdringen«, erzählt Heinrich Schwengels. Hoch oben auf der Giebelspitze steckt ein Blitzableiter. »Den braucht man unbedingt, denn wenn es längere Zeit trocken ist und gleich beim ersten Gewitter der Blitz einschlagen würde, brennt das Dach sofort ab«, sagt der alte Mann. »Die Feuerversicherung ist dementsprechend hoch.«

Die Versicherungsprämien mögen der eine Grund dafür sein, daß es nur noch wenige Reetdächer gibt. Der andere ist handwerklicher Art. »Das Dach muß man immer mal wieder erneuern, und das ist nicht

»Soden« nennt man diese gestochenen und getrockneten Torfstücke, die zu sogenannten »Bülten« aufgeschichtet werden

so einfach«, erklärt Heinrich Schwengels. »Es gibt nur noch wenige Leute, die das können. Moderne Materialien werden dabei überhaupt nicht verwendet. In dem ganzen Dach gibt es keinen einzigen Eisenträger und keinen Nagel. Das Reet wird nur mit Holzpflöcken zusammengehalten.«

Ein anderes reetgedecktes Haus

Motorrad-Stammtisch

Jeden Montag ab 21 Uhr treffen sich die Oldenburger Motorradclubs in der Gaststätte »Gantenbein«, Tannenkampstraße 10 in Oldenburg.

Grasbahnrennen

Im Grasbahn-verrückten Ammerland trägt auch der AC Kreis Vechta ein internationales Grasbahnrennen in Vechta aus.

lädt uns zu einer Kaffeepause direkt am Zwischenahner Meer ein. Wir folgen auf einer kleinen Stichstraße am Nordufer des Sees dem Schild »Fährkroog« und gelangen zu einer hübschen, reetgedeckten Gaststätte mit einer

riesigen Terrasse. Rings herum stehen Rhododendronbüsche, die von April bis Juni das Ammerland in ein wahres Blumenparadies verwandeln. Über hundert verschiedene Arten blühen dann in Gärten, Parks und Wäldern.
Von der Terrasse aus fällt unser Blick über das Zwischenahner Meer, das eigentlich seinen Namen zu Unrecht führt. Denn es

Generalkarte
Blatt 3/4

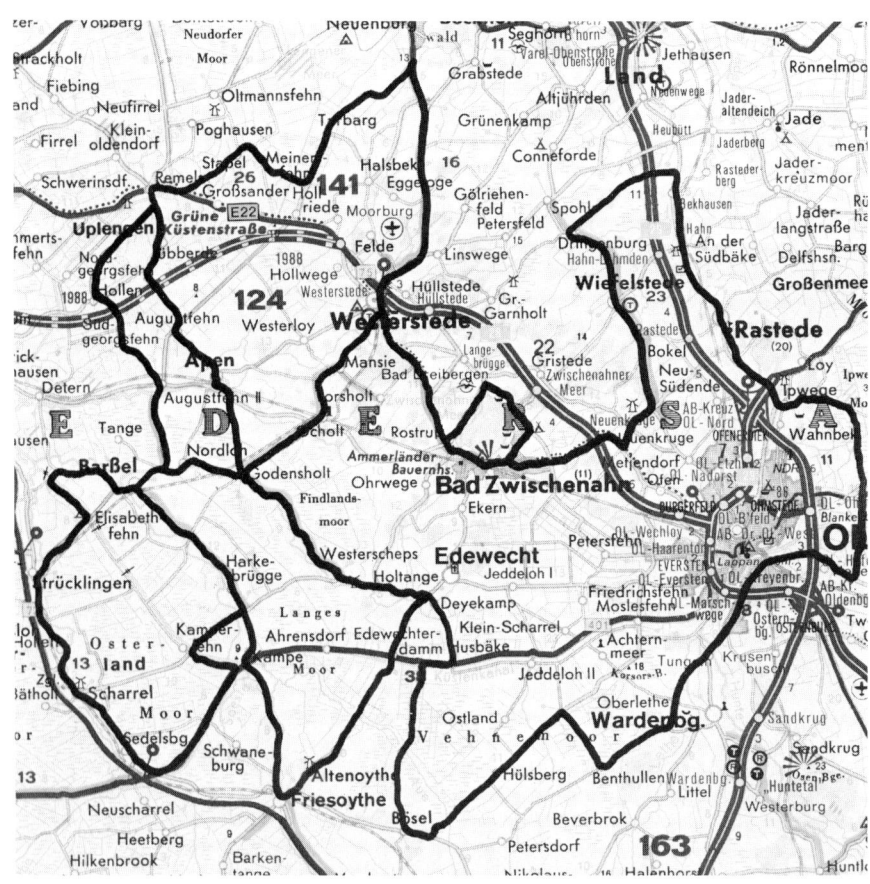

besteht weder eine Verbindung zur Nordsee noch ist das Wasser salzhaltig. Aber auch im Norden muß alles seine Ordnung haben. Und wenn das richtige Meer Nordsee heißt, wird aus dem Binnensee eben ein Meer. Schließlich muß es auch einen Unterschied geben.

Das Zwischenahner Meer mit seinem bisweilen stürmischen und rauhen Seegang ist ein Mekka für Segler und Surfer. Damit hat es nicht zuletzt dazu beigetragen, daß das staatliche Moorheilbad Bad Zwischenahn zum touristischen Mittelpunkt des Ammerlandes wurde. Hier hat die Weltabgeschiedenheit, die sonst die Region so prägt, längst ein Ende gefunden. Als wir langsam durch die Hauptstraße fahren, wird uns der Kurbetrieb mit den vielen Menschen schon lästig, obwohl er sich im Vergleich zu den Kurzentren Süddeutschlands noch in Grenzen hält. Die Geschäftswelt hat sich schon auf den Rummel eingestellt, der Verkehr ist beträchtlich.

Ganz anders die schmalen ländlichen Straßen, auf denen wir durch das Hollermoor und das

Grün und flach, so weit das Auge schauen kann

Dringeburger Moor rollen. Über holprige Straßen geht es da, vorbei an einzelnen Gehöften, die mitten in den Feldern stehen. Wuchtige Eichen säumen den schmalen Weg, auf dem das Ammerland seine ganze Urwüchsigkeit zeigen kann.

Ein paar Kilometer weiter stehen die Zeichen schon auf Neuzeit, auf Verkehr und Hektik. Nach der Küstenautobahn hinauf nach Wilhelmshaven wird in ein paar Jahren noch ein zweites durchgehendes Asphaltband das Ammerland in Richtung Emden durchkreuzen. Dann allerdings wird das Ammerland aus seinem Dornröschenschlaf erwachen müssen. Zu Lasten der Ursprünglichkeit und der Lieblichkeit dieser Region.

Motorrad-Treff

Beim Promenieren und Kaffeetrinken trifft man am Wochenende eine ganze Menge Motorradfahrer in den Cafés, Kneipen und Eisdielen auf der Hauptstraße von Bad Zwischenahn.

Infos

Fremdenverkehrsverband Nordsee –
Niedersachsen – Bremen e.V.
Gottorpstraße 18
2900 Oldenburg
Telefon 04 41 / 1 45 35

ZU GAST BEIM HOTZ

Der Schwarzwald besteht nicht nur aus Bommelhüten, Schinken, Kuckucksuhren und Kirschtorte. In seiner südlichsten Ecke, dem Hotzenwald, versteckt sich ein Meer von kleinen Straßen, die zum Motorradwandern einladen.

»Wollen Sie mich etwa beleidigen?« Der alte Mann schaut mich vorwurfsvoll an. Die blauen Augen in seinem zerfurchten Gesicht zukken ein wenig. »Wie kommen Sie denn auf den Unsinn, mich zu fragen, ob ich ein Hotze sei?« setzt er mit einem empörten Unterton hinzu.
Meine Beschwichtigungsversuche helfen wenig. Auch der Einwand, wir seien in Schönenbach und damit noch zumindest am Rand des Hotzenwaldes, fruchtet wenig. »Das sind ganz üble Burschen, müssen Sie wissen«, ereifert sich der Mann aufs neue. »Als ich noch ein kleiner Junge war, hab' ich das selbst erlebt, wie das bei denen zugeht. Mein Vater hat mich in ein Wirtshaus mitgenommen, da saßen einige von den Hotzen an ei-

nem anderen Tisch. Irgendwie haben die sich in die Haare gekriegt. Die haben dann aber nicht mit der Faust auf den Tisch geschlagen, sondern gleich das Messer herausgeholt und mit voller Wucht in die Tischplatte gerammt. Mit solchen Leuten hab' ich nichts zu tun.« Ich wechsle noch ein paar Worte mit dem greisen Mann, dessen Gesicht sich noch immer nicht aufhellen will. Dann schwinge ich mich auf mein Motorrad und fahre nachdenklich davon.
Nicht überall im Hotzenwald rühmt man sich offenbar, ein Nachfahre dieser Frauen und Männer zu sein, die vor allem im 18. und 19. Jahrhundert ihren Freiheitskampf für urdemokratische Rechte gegen die weltliche und kirchliche Obrigkeit ausfochten. »Manchmal ist das

Moto-Cross
Schopfheim bietet eine attraktive Moto-Cross-Strecke, auf der auch Rennen um die Deutsche Moto-Cross-Meisterschaft gefahren werden.

Grasbahnrennen
In Hertingen, etwa 30 Kilometer westlich des Hotzenwaldes, veranstaltet der MSC Rebland Grasbahnrennen.

Wort ›Hotze‹ schon fast ein Schimpfwort«, klärt mich ein Wirt in Höchenschwand auf, wo ich mir eine köstliche Schwarzwälder Kirschtorte schmecken lasse. »Aber es gibt auch eine Menge Leute, die sind ganz stolz, wenn man sie als ›Hotze‹ bezeichnet. Auf jeden Fall ist das eine seltsame Sache mit diesem Ausdruck.« In Gedanken komme ich zu dem gleichen Ergebnis, als ich so durch den tiefgrünen Wald rolle und die Menschen beobachte, die auf den ganz vereinzelt liegenden Höfen bei der Arbeit sind. Als eigensinnige, aufsässige Dickschädel waren sie schon bekannt, die Hotzen. Man erzählte sich, sie seien so einfältig, daß sie am Morgen den Mond mit langen Stangen wegschieben würden, weil sie meinten, es werde sonst nicht Tag.

Auf der anderen Seite waren sie gewitzt und schlau. Denn der gefürchtete »Hotzenblitz« schlug immer dann in eine brüchige Scheune ein, wenn diese kurz zuvor hoch versichert worden war. Und die Hotzen hatten ein ausgeprägtes Demokratieverständnis. Das Naturrecht, ein jeder sei frei geboren, verfochten sie über 200 Jahre lang in den sogenannten Salpeterkriegen. Der Salpetersieder Hans Fridle Albietz, genannt der Salpeter-Hans, hatte Anfang des 18. Jahrhunderts gegen die Unterdrückung durch die Mönche des Klosters St. Blasien einen Freiheitskampf angezettelt. Er bezahlte ihn wie viele andere Salpe-

Schmale, kurvenreiche Straßen machen den Hotzenwald zum Motorradparadies

Ein romantisches Schwarzwald-Haus mit dem typischen heruntergezogenen First

terer mit dem Leben. Bis Ende des 19. Jahrhunderts hielt der Widerstand an, wenngleich nur noch ein kleines Häufchen der Salpeterer übriggeblieben war. 1934 starb der letzte von ihnen.

Von den einstigen Auseinandersetzungen ist heute nichts mehr zu sehen. Das Kloster St. Blasien, das 1525 sogar in Flammen aufging, ist jetzt ein attraktiver Anziehungspunkt für Touristen. Schon deshalb lohnt es sich kaum, durch die Ortsmitte zu fahren. Die »Spielstraße«, die hier zur Verkehrsberuhigung angelegt wurde, ist ein einziger Hindernislauf. Die Touristen fallen hier gleich in Scharen ein, um den größten Kuppelbau Europas im frühklassizistischen Stil zu bestaunen.

Erholungs- und Kurorte wie St. Blasien, Hausern oder Todtmoos durchfahre ich aber ohnehin mit einem gewissen Unbehagen. Ihre motorradunfreundliche Gesinnung wird jedesmal bereits am Ortseingang deutlich: »Von 22 bis 6 Uhr gesperrt«, ist da unmißverständlich zu lesen. Daß hier und da für Spätankömmlinge ein Motorrad-Park-

Motorrad-Treff

Nur unter der Woche treffen sich Motorradfahrer am Schauinsland ca. 30 Kilometer nördlich von Todtmoos. Am Wochenende ist die ehemalige Motorrad-Bergrennstrecke für motorisierte Zweiräder gesperrt.

platz am Ortsrand eingerichtet wurde, ist ein schwacher Trost. Wenn schon der Lärm aus dem Ortszentrum zu nächtlicher Stunde ferngehalten werden soll, dann bitte nach dem Vorbild von Höchenschwand. Dort gibt es keine Zwei-Klassen-Gesellschaft. Ab 23 Uhr haben nicht nur die Motorräder, sondern auch die Autos Fahrverbot.

Zwei-Klassen-Gesellschaft in den Kurorten während der Nacht

Aber die Ortschaften sind ohnehin nicht das, was den Reiz einer Tour durch den Hotzenwald ausmacht. Es ist der Wald selbst, ein finsterer Wald voller dunkler Fichten. Bisweilen kommt ein wenig Melancho-

Geführte Touren

Wer nicht alleine durch den südlichen Schwarzwald fahren will, kann sich einer Gruppe anschließen. Der Münchener Spezialreiseveranstalter »Motorradreisen« veranstaltet zweitägige geführte Touren.

lie auf, mitunter ist die Stimmung auch bedrückend, so still und dunkel ist es zwischen den dichtstehenden Nadelbäumen. Dann wieder ist es wie im Märchen, und ich könnte stundenlang auf den schmalen Sträßchen dahinbummeln.

Die Einsicht kommt schnell: der Hotzenwald ist kein Revier für eine gut ausgearbeitete Tour. Die gelbe Linie, die ich mit einem Leuchtstift auf der Generalkarte eingezeichnet habe, ist bald Nebensache. Ich lasse mich ganz einfach treiben, wohin es mir gerade gefällt. Oft lockt eine Abzweigung, ein schmaler Weg. Mitunter gibt es sogar ein kleines Bonbon: Der Asphalt endet, und es geht auf Schotter oder Sand weiter, ohne daß ein Verbotszeichen den Weg versperrt. Handgeschnitzte Schilder, mit bunten Farben hübsch bemalt, weisen oft mitten in den Wald. Da passiert es dann doch das eine oder andere Mal, daß ich vom Motorrad absteige und auf einem benachbarten Hof frage, ob man denn hier wirklich fahren dürfe.

Die Antwort ist immer die gleiche: »Fahren Sie nur zu, das geht schon.« Und wie es geht. Gerade die schmalen Sträßchen, die nicht einmal auf der Generalkarte zu finden sind, scheinen für Autofahrer überhaupt nicht zu existieren. Kilometerlang fahre ich mit niedriger Drehzahl ganz alleine durch Wälder und Felder.

Kunstvoll geschnitzt und bunt bemalt sind viele Wegweiser im Hotzenwald

Natürlich birgt das Unbekannte Überraschungen. Mal endet ein Sträßchen an einer Wendeschleife oder vor einer Schranke, mal eröffnet es eine traumhafte Fahrt in sonnendurchfluteten Wäldern.
Mitunter verrät auch schon mal ein unscheinbares Zuatzschild, wo sich ein Geheimtip für Motorradwanderer verbirgt. »Vorsicht, Straße teilweise nicht ausgebaut« – dieser Hinweis verspricht ein Stück Naturstraße. Von Strittberg nach Nöggenschwiel führt solch ein Sträßchen, das ganz plötzlich

im Wald zu enden scheint. Aber der Lehmweg, der sich an den Asphalt anschließt, ist ohne Probleme zu befahren.
Die gibt es schon eher an den Kreuzungen. Wenn überhaupt einmal ein schmales hölzernes Schildchen den Weg weist, ist es erst auf den zweiten Blick zu erkennen. Bisweilen ist dann Pfadfindergeist gefragt. Irgendein Weg führt aber immer aus dem Wald hinaus, und an der nächsten Ortschaft erfolgt dann mit Hilfe der Karte die Orientierung.
Die Straßen, die gen Süden führen, sind in dieser Hinsicht unproblematisch. Sie enden früher oder später alle mal am Rhein. Er begrenzt den Hotzenwald in seiner südlichen Ausdehnung. Die Häuser, die sich auf der gegenüberliegenden Uferseite im trüben Flußwasser spiegeln, gehören bereits zur Schweiz. Von der Verbindungsstraße zwischen Bad Säckingen und Waldshut-Tiengen geht es in Albbruck hinauf ins Albtal. Als landschaftlich besonders schöne Strecke weist die Generalkarte diese Straße nach

Moto-Cross

Auf dem Gelände des MSC Hügelheim gehen Moto-Cross-Rennen über die Bühne, die zur Deutschen Meisterschaft zählen. Hügelheim liegt bei Müllheim am Rhein, etwa 35 Kilometer nordwestlich von Schopfheim.

St. Blasien aus. Nicht immer trifft dieses Prädikat zu; vor allem aber wird es gerade im Hotzenwald mit seinen traumhaften Sträßchen viel zu selten vergeben. Aber diese Straße entlang der Alb trägt die Auszeichnung zu recht. Und sie verdient sich obendrein noch ein anderes Prädikat: extrem kurvenreiche Strecke.

Gleich hinter Albbruck fällt mir am rechten Straßenrand ein Schild auf, das für die folgenden 22 Kilometer viele, viele Kurven verspricht. Und es hält, was es verspricht. Schräglage links, Schräglage rechts – eine Kurve reiht sich an die andere. Kaum einmal geht es ein Stückchen geradeaus. Die Straße ist nicht übermäßig breit, aber gut ausgebaut und glatt asphaltiert. Fünf kleine Tunnels, die einfach in den Berg hineingesprengt wurden, hüllen mich kurz ins Dunkle. In ihrer naturbelassenen Form gliedern sie sich nahtlos in die faszinierende Landschaft ein. Rechts am Wegrand stehen riesige, ockerfarbene Felsbrocken, links unterhalb der Straße rauscht die Alb dahin. Kurz vor St. Blasien staut sie sich zum Albsee auf, gegenüber dem ein paar Kilometer weiter nördlich gelegenen Schluchsee nur ein kleiner Tümpel.

Nahe des Alpsees, in Heppenschwand, ist eine nur dreieinhalb Kilometer lange Panorama-Straße in der Karte eingezeichnet. Von diesem Hochplateau bietet sich ein prächtiger Blick auf die Alpen-

kette von Zugspitze bis Montblanc. Das erzählt mir zumindest ein Wanderer, der auf einer Holzbank neben der Straße eine Rast eingelegt hat. »Am frühen Morgen, wenn der Nebel noch über dem Hochrhein liegt, glänzt die Alpenkette im Sonnenlicht. Dieser Blick ist einfach phantastisch«, schwärmt er mir vor.

Ein hochprozentiges Souvenir aus dem Hotzenwald: Schwarzwälder Wald-Himbeergeist

Mein Ausblick verliert sich an diesem Tag allerdings schon nach wenigen hundert Metern. Die intensive Sonne hat ein breites Dunstband vor das Hochplateau gelegt, so daß ich mir die angeblich so phantastische Aussicht in

Gedanken ausmalen muß.
Ein ganz klein wenig entschädigt
mich dafür der Blick, den ich vom
Hornberg hinunter ins Tal habe.
Es ist mehr ein Zufall, daß ich
den kleinen Platz hinter dem Ort
finde, von dem aus sich ein be-
geisternder Ausblick bietet. Quer
durch den Ort war ich gefahren,

Die Natur bietet Grüntöne in allen
Abstufungen.
Ganz oben auf dem Hornberg ist
ein riesiges Wasserreservoir angelegt. Den Versuch, das Becken
per Motorrad zu erkunden, gebe
ich nach der zweiten Umrundung
auf. Alle Straßen führen im Kreis-
verkehr am Hang entlang, ohne

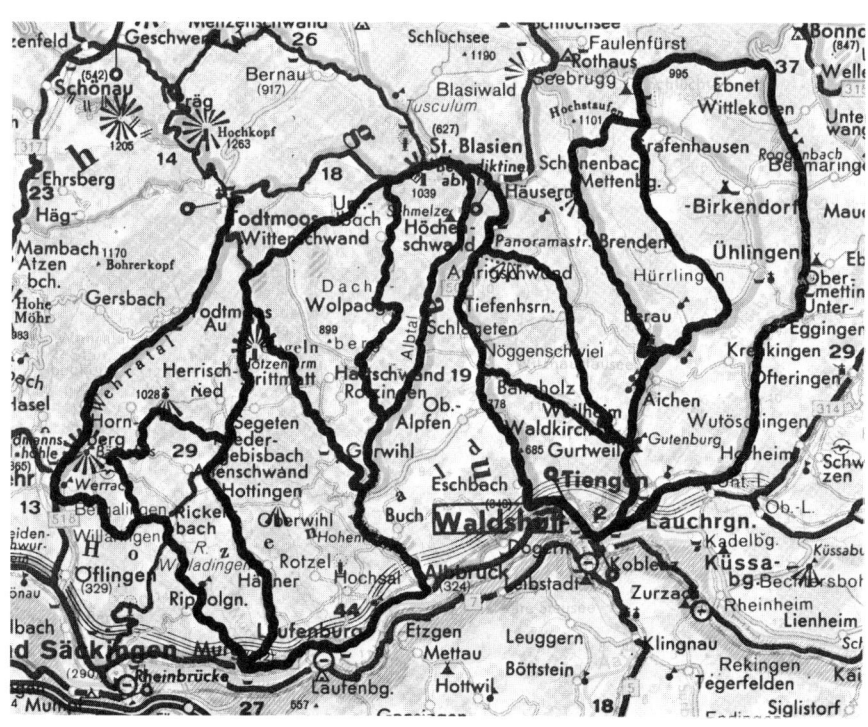

vorbei an einer Gaststätte mit
Gartenwirtschaft, bis die Straße
plötzlich endete. Unter mir liegen
die Dörfer wie Spielzeuge inmitten
riesiger Feld- und Waldgebiete.

jemals auf Wasserhöhe zu kommen. »Straßen gibt's da schon
hinauf«, erklärt mir ein Einheimischer. »Aber die sind für den öffentlichen Verkehr gesperrt. Da

Bei der Rast im Grünen wird auf der Karte nach weiteren versteckten Nebenstrecken gesucht

müssen Sie schon das Motorrad abstellen und zu Fuß hinaufsteigen. Aber außer Wasser sehen Sie da sowieso nichts.«
Grund genug für mich, erst gar nicht den schweißtreibenden Fußmarsch in voller Lederkleidung in Angriff zu nehmen. Da mache ich mich lieber wieder auf die Suche nach ein paar versteckten, kleinen Sträßchen.
In Todtmoos-Au werde ich fündig, wo eine schmale Straße steil hinauf nach Gersbach zieht. Mitten im Wald duftet es herrlich nach feuchtem Moos. Ein paar Kurven weiter brummen Motorsägen im

Bergrennstrecke

Am Schauinsland, ca. 30 Kilometer nördlich von Todtmoos, werden noch Bergrennen ausgetragen, allerdings nur für Sportwagen. Die Strecke ist für Läufe zur Berg-Europameisterschaft geeignet.

Wald, und der Moos-Duft mischt sich mit dem süßlichen Geruch des Harzes.
In vielen der winzigen Ortschaften stapeln sich Baumstämme und Bretter neben der Straße. Die Holzindustrie ist ein wichtiger Wirtschaftszweig im Hotzenwald. Jedesmal, wenn ich an einem dieser Sägewerke vorbeifahre, öffne ich das Visier. Der Geruch von Sägespänen und frischem Holz dringt unter den Helm. Ein sympathischer, lieblicher Geruch im Vergleich zu dem Gestank der Industrieabgase, die sonst allenortes an die Nase dringen.
Auf der Weiterfahrt nach Schopfheim lockt mich dann eine kleine Abzweigung nach Hasel. Dorthin führt auch die Hauptstraße, aber kleine Seitenstraßen sind nun mal reizvoller. Noch dazu, wenn sie für Lkws gesperrt sind, was eher auf einen schmalen Weg hindeutet.
Lastwagenfahrer hätten auch ihre liebe Mühe auf dieser Straße, die sich durch weitläufige Wiesen hinunter nach Hasel schlängelt.

Generalkarte
Blatt 24

Enge Kurven wechseln sich mit langgezogenen Kurvenkombinationen ab, bis die Straße schließlich in dem kleinen Ort endet. Gerade solche Wege, die man ganz zufällig entdeckt, machen den Reiz einer Tour durch den Hotzenwald aus.

Das Dachsberg-Gebiet ist ein Paradies für solche Wege. Viele von ihnen sind als Fuß- oder Wanderwege in der Generalkarte verzeichnet, aber kein Schild verbietet die Weiterfahrt. Von Unteribach nach Ruchenschwand und weiter nach Wittenschwand führt solch ein Weg quer durch den Wald. Sonnenstrahlen blitzen durch die dichten Baumwipfel, die sich ganz plötzlich öffnen und den Blick auf eine Lichtung freigeben. Weiße und lilafarbene Blumen leuchten zwischen verwitterten Baumstümpfen. Dann schluckt mich wieder der dunkle Wald, der so dicht ist, daß oft nicht einmal die Sonne durchdringen kann.

Ich bin schon fast auf dem Heimweg, als mir noch einmal eines dieser unscheinbaren, winzigen Schilder ins Auge sticht. »Stefanshof« steht da auf einer blauweißen Tafel an der Straße von Bergalingen nach Hütten. Irgendwie zieht es mich auf diesen asphaltierten Wanderweg, der ein Stückchen weiter im Wald verschwindet. Fünf Kilometer lang windet sich das Sträßchen in Kurven und Kehren hinunter ins Tal. Ein paar Waldarbeiter stehen am Straßenrand und schauen mich beim Vorbeifahren befremdet an. Offensichtlich kommt es nicht jeden Tag vor, daß sich ein Motorradfahrer in diesen abgeschiedenen Winkel verirrt.

Ich genieße diese einsame Fahrt durch den westlichsten Zipfel des Hotzenwaldes. Das Sträßchen weckt noch einmal Erinnerungen an all die kleinen Wege, die ich hier im südlichen Schwarzwald gefunden habe. Mit ihrer Beschreibung könnte ich viele Seiten füllen, und doch hätte ich sie nicht alle erfaßt.

Das beste ist, selbst einmal den Hotzenwald zu erforschen, indem man sich einfach treiben läßt. Wo ein kleines Sträßchen lockt, setzt man den Blinker und biegt ab von der Hauptstraße. Vielleicht eröffnen sich märchenhafte Eindrücke, die man so schnell nicht wieder vergißt.

Infos
Verkehrsgemeinschaft Südlicher Schwarzwald – Hochrhein – Hotzenwald
Gartenstraße 5
7890 Waldshut-Tiengen 1
Telefon 0 77 51 / 86–1

FLUSSFAHRT

Abwechslungsreich ist eine Tour entlang des Neckars. Von der Quelle im Schwenninger Moos bis hinauf zur Mündung in den Rhein bei Mannheim führt die Strecke immer entlang der beiden Ufer. Auf einer solchen Reise kann man beobachten, wie aus einem unscheinbaren Bächlein ein mächtiger Fluß wird.

Da stehen wir nun vor diesem kreisrunden Schild mit dem roten Ring und der weißen Außenfläche und kommen nicht mehr weiter. »Das kannst Du vergessen«, meint Marion. »Das gibt nur Ärger, wenn wir da weiterfahren.« Georg ist wohl derselben Meinung. Jedenfalls hat er schon mal den Motor ausgemacht und den Seitenständer ausgeklappt. Also, was hilft's, beginnen wir unsere Tour entlang des Neckars eben mit einem Fußmarsch.
»Nehmt den rechten Pfad zur Nekkarquelle«, empfiehlt uns der Platzwart des benachbarten Sportplatzes. »In knapp einer Viertelstunde habt Ihrs geschafft.« In voller Montur, die Helme unter dem Arm, stapfen wir los. Durch ein sumpfiges Hochmoor führt ein schmaler Weg. Soll das etwa der Neckar sein? Nur fußhoch bedeckt die bräunliche Brühe den engen Wassergraben. Eine Fließbewegung ist in diesem unscheinbaren Wiesenbach kaum auszumachen. Ein paar hundert Meter weiter bestätigt sich unsere dunkle Vorahnung. »Des Neckars Ursprung« steht in schwarzen Buchstaben auf einer Holztafel, die vor einem Tümpel in den feuchten Wiesenboden gerammt ist. Kein klares Quellwasser, kein fröhliches Gluckern des neugeborenen Flusses auf den ersten Metern.
Verkrüppelte Birken, Moospolster und vereinzelt ein paar Fichten umsäumen den ehemaligen Torfstich, der heute als Kinderstube

Motorrad-Museum

In Neckarsulm, der einstigen Zweirad-Metropole, ist das Zweirad-Museum untergebracht. Im ehemaligen Deutschordensschloß ist eine umfangreiche Sammlung von Motorrädern aller Art zu bewundern.

45

des Neckars bezeichnet wird. Nur ein paar Kilometer weiter wird ein anderer bedeutender Fluß auf den Weg gebracht: Dort entspringt die Brigach, neben der Breg Quellfluß der Donau.

Wir machen uns etwas enttäuscht auf den Rückweg zu unseren Motorrädern. Den Ursprung eines Flusses, der von Dichtern als »der Fluß der deutschen Romantik« bezeichnet wird, hatten wir uns eindrucksvoller vorgestellt. Marion blickt etwas skeptisch drein: »Was wird uns da wohl noch alles zwischen dem Schwenninger Moos und der Mündung bei Mannheim erwarten.«

Wir schwingen uns auf die Motorräder und fahren gemütlich durch Schwenningen. Dem noch immer so unscheinbaren Neckar folgt ziemlich genau die Bahnlinie, die durch die Stadt zieht.

Rottweil ist die nächste Station. Bunte, wappengeschmückte Fachwerkhäuser, enge Gassen und ein prächtiger Blumenschmuck verleihen der ehemaligen Reichsstadt ein malerisches Aussehen. Der

Im Unterlauf ist der Neckar nur ein kleiner Wiesenbach

Straßenrennstrecke

Die Solitude im Stuttgarter Westen war einst eine der berühmtesten deutschen Rennstrecken. Siebenmal wurde hier der Große Preis von Deutschland ausgetragen, zu dem 1954 rund 400 000 Besucher kamen. Heute ist die Solitude Verkehrsübungsplatz.

Neckar, der sich hier mit Eschbach und Starzel vereinigt, nimmt langsam an Breite zu. Mit seiner ganzen Kraft gräbt er sich durch den Muschelkalk.

Wenige Kilometer hinter Rottweil weist ein Schild den Weg zur Nekkarburg. Ein schmaler, kurvenreicher Weg schlängelt sich vorbei an Wiesen und Feldern. Erst auf den zweiten Blick sind die Überreste der einst stolzen Burg auszumachen, die wie Pfeiler in den Himmel ragen.

Die Burg selbst, bereits im Jahre 800 urkundlich erwähnt und damit eine der ältesten im ganzen Lande, hat eine wechselvolle Geschichte hinter sich. So wurden aus der Burg der Merowinger im Mittelalter zwei Burgen. Die Herren beider Burgen lagen sogar später in grimmiger Fehde. Sozusagen von Küchenfenster zu Schlafzimmerfenster. Das später zum Schloß umgebaute Gemäuer verfiel im Laufe des 19. Jahrhunderts, wird aber zumindest in seinem Bestand gesichert.

An dieser Stelle des Neckars liegen Altertum und Neuzeit unmittelbar beieinander. Auf der einen Seite die uralte Neckarburg, auf der anderen die moderne Neckarbrücke, die den Fluß hoch über dem Tal überspannt. Der monumentale Betonbau will überhaupt nicht in das landschaftlich so schöne, unwegsame Waldtal pas-

Schwäne tummeln sich auf dem Neckar, die für einen leckeren Happen dankbar sind

Moto-Cross

Die KFV »Kalteneck« ist Veranstalter des Moto-Cross-Laufs in Holzgerlingen, der zur Deutschen Meisterschaft zählt.

Moto-Cross

Auf dem Moto-Cross-Gelände des MCC/RKV Heilbronn-Frankenbach ist immer etwas los. Moto-Cross-Rennen finden hier auch im Winter statt.

Grasbahnrennen

15 Kilometer südlich der Neckarquelle jagen in Bräunlingen die Grasbahnfahrer über den Rundkurs.

sen, durch das sich der Neckar hier seinen Weg bahnt. »Aber immer noch besser, die Autobahn führt über das Tal als mitten durch«, meint Georg. Dem können wir nur beipflichten.

Wollen wir von der Neckarburg aus möglichst nahe am Fluß bleiben, müssen wir in den sauren Apfel beißen und auf der Bundesstraße bleiben, die parallel zur A 81 gen Norden führt. Die Autobahn ist aber wohl unser Glück, denn der gesamte Verkehr scheint sich auf sie zu verlagern. Jedenfalls ist selbst am Wochenende die Bundesstraße nur mäßig befahren. Wir passieren Oberndorf und Sulz, ehe bei Fischingen eine kurze Rast eingelegt wird. Der noch wasserarme Fluß ergießt sich hier über ein breites Streichwehr. Im Hintergrund erhebt sich

47

das Dorf, das über 1000 Jahre alt ist. Zweimal noch überqueren wir den Neckar, ehe wir bei Horb die Bundesstraße 14 verlassen. Horb bietet eines der schönsten Stadtbilder entlang des Neckars, auch wenn man im vergangenen Jahrhundert die Stadt als »sehr uneben und höckericht« betrachtete. Aber gerade diese verschachtelten Häuser, Türme, Kirchen und

Motorrad-Treff

Zehn Kilometer nördlich von Eberbach treffen sich Motorradfahrer gleich zweimal auf engstem Raum. Zum Kaffee wird beim Buckelwirt in Sensbach eingekehrt, zwei Kurven weiter Richtung Beerfelden stehen die Zweiradfans auf einem kleinen Parkplatz neben der Kurve.

Ein gewaltiges Bauwerk ist die Autobahnbrücke, die sich über den noch jungen Neckar spannt

Gassen machen das Besondere aus.
Von Horb aus folgt die Schwäbische Dichterstraße dem Lauf des Flusses. Im Gleichklang mit dem Höhenzug der Schwäbischen Alb wendet sich der Neckar nach Osten und bahnt sich seinen Weg zur Bischofsstadt Rottenburg. Die kurvenreiche Straße läßt uns die Fahrt in vollen Zügen genießen. Erlen- und Weidenspaliere verraten uns schon von weitem, wie der Weg des Flusses verläuft. Wir sind von dem Fahrspaß so begeistert, daß wir Rottenburg nur am Rande streifen. Auf dichten Verkehr und rote Ampeln in dem ehemaligen Handelszentrum der

Römer sind wir nun wirklich nicht scharf.

In Rottenburg gewinnt die Schwäbische Dichterstraße einen größeren Abstand zum Flußlauf. Deshalb wechseln wir ans rechte Neckarufer und wählen den flußnahen Weg. Über Kiebingen, Bühl und Kilchberg gelangen wir zur

Rast auf einer der vielen Kanalbrükken, die es ab Plochingen stromaufwärts gibt

Universitätsstadt Tübingen.

Den Versuch, ein wenig von der Studentenstadt vom Motorrad aus zu sehen, geben wir schnell wieder auf. Ein Netz von Einbahnstraßen sorgt immer wieder dafür, daß wir gerade dorthin kommen, wo wir eigentlich gar nicht hinwollen. Also entschließen wir uns zu einem Fußmarsch durch die romantische Altstadt, für den wir ja schon bei der Suche nach der

Neckarquelle geübt haben. Die postkartenberühmte Neckarfront mit dem Hölderlinturm ist in jedem Fall ein paar Schritte wert, und schließlich gibt es ja noch eine ganze Menge hübscher Cafés in der Fußgängerzone, in denen wir uns von dem Stadtbummel etwas erholen können.

Die nächsten 40 Kilometer auf der Schwäbischen Dichterstraße ganz nah am Flußlauf genießen wir besonders. Der Neckar ist eingebettet in eine friedliche Wiesen- und Ackerlandschaft. Vereinzelt tauchen grünschimmernde Baggerseen auf, die mit den bunten Tupfen der Surf- und Bootssegel geschmückt sind.

Motorrad-Treff

Auch wenn die großen Zeiten der Solitude in Stuttgart längst vorbei sind, ist die ehemalige Rennstrecke immer noch ein beliebter Treffpunkt für Motorradfahrer.

Motorrad-Museum

Das Auto- und Technikmuseum Sinsheim liegt etwa 20 Kilometer südlich von Neckargemünd. Neben zahlreichen interessanten Ausstellungsstücken aus der Welt der Technik gibt es auch eine ganze Reihe von Motorrädern zu sehen.

Trial

In Erbstetten unweit von Marbach am Neckar steht für Trial-Spezialisten ein Gelände zur Verfügung.

Bei Plochingen hat dann die Herrlichkeit abrupt ein Ende. Forsch wendet sich das Flußbett mit einem Linksknick nach Westen. Ab hier ist der Neckar durch menschliche Eingriffe schiffbar. Kanäle und Schleusen sorgen dafür, daß der Güterverkehr auf dem Wasser zwischen Plochingen und Mannheim, von da in den Rhein und dann weiter in die Weltmeere reibungslos abläuft.

Vorbei an den Esslinger Weinbergen und Industrieanlagen sucht sich der Neckar seinen Weg in die baden-württembergische Landeshauptstadt Stuttgart. Wir folgen ihm bis Bad Cannstatt auf der autobahnähnlichen B 10, nur durch einen Damm vom Wasser getrennt. Hinter der Wilhelma, dem Stuttgarter Zoo, zweigen wir von der Bundesstraße ab. Der breite Flußlauf ist nun unsere einzige Orientierung, um über Mühlhausen nach Remseck zu gelangen. Auf kleinen Straßen, meist ohne jede Ausschilderung, bleiben wir immer auf Tuchfühlung mit dem Wasser.

Bis Heilbronn ist die Strecke durch die Schwäbische Weinbaulandschaft auch für uns geübte Kartenleser eine Tortur. Mehr als einmal müssen wir umdrehen, weil sich die Straße plötzlich vom Flußlauf entfernt. »Es muß doch möglich sein, an diesem Fluß entlang zu fahren«, schimpft Georg. »Es können doch nicht alle Straßen ins Hinterland führen.«

Selbst mit der Generalkarte läßt sich unser Vorsatz, immer möglichst nahe am Wasser zu bleiben, nicht ohne weiteres verwirklichen. In heftigen Windungen ändert der Strom ständig seine Richtung. Eine Schleife reiht sich an die andere.

Motorrad-Fachzeitschriften

In Stuttgart sind gleich drei Motorrad-Fachzeitschriften beheimatet: MOTORRAD, PS und das Motorradmagazin mo.

Vorbei an der Schillerstadt Marbach, die ihrem großen Sohn ein Nationalmuseum gewidmet hat, erreichen wir Freiberg. Eine alte Brücke führt hinüber zu einem Neckarseitenarm. Nur mit viel Mühe bringen wir die Maschinen hinunter zum teilweise ausgetrockneten Flußbett. Wir gönnen uns eine letzte Rast. Marion hat gleich die Motorradstiefel und Strümpfe ausgezogen und watet durch das kalte Neckarwasser. »Das weckt die Lebensgeister für

Ein Relikt aus längst vergangenen Zeiten: die alte Holzbrücke am Unterlauf des Neckars

Moto-Cross

Der in Mosbach beheimatete AMC Neckar und Elz ist Ausrichter des gleichnamigen Cross-Laufs, bei dem es um Punkte für die Deutsche Meisterschaft geht.

die Schlußetappe«, meint sie lachend.

Pleidelsheim, Mundelsheim, Gemmrigheim und Lauffen sind die nächsten Stationen auf unserer Neckartour. Über kleine Straßen gelangen wir in die jeweiligen Orte, ohne immer einen Wegweiser zur Hilfe zu haben. Der Flußlauf macht es uns noch immer schwer, ganz dicht bei ihm zu bleiben.

Manchmal sind wir direkt neben ihm, dann dreht er wieder unverhofft nach Osten ab, und die Straße schwenkt gleichzeitig nach Westen.

Hinter Lauffen verlassen wir die B 27 zu einem Abstecher nach Horkheim, das in der letzten großen Neckarschleife vor Heilbronn liegt. Heilbronn verdankt dem Neckar seine Stellung als Han-

Kurz vor der Mündung bei Mannheim ist aus dem anfänglichen Rinnsal ein breiter Strom geworden

delsmetropole. Nur mühsam quälen wir uns durch den dichten Stadtverkehr am Hafen vorbei. Auf der linken Neckarseite umge-

Moto-Cross
Nordöstlich von Mosbach liegt Schefflenz, wo der dortige MSC Moto-Cross-Rennen veranstaltet.

Motorrad-Museum
Die Geschichte des Hockenheimrings und damit auch die der dort ausgetragenen Motorradrennen wird im Rennsportmuseum in Hockenheim dargestellt. Rennmaschinen aus allen Epochen kann man dort betrachten.

hen wir Neckarsulm, denn das Zweiradmuseum ist eine Extratour wert. Die dominierende Rolle der Industrie in diesem Neckarabschnitt zwischen Heilbronn und Bad Friedrichshall bleibt uns trotzdem nicht verborgen.

Erst bei Bad Wimpfen erfüllt wieder Grün das Tal rechts und links des Neckars. Angler stehen an den Ufern und hoffen auf einen guten Fang. Die Straße windet sich in engen Kurven hinauf in die Altstadt von Bad Wimpfen, einst die größte Pfalz der Stauferkaiser nördlich der Alpen. Von den alten Stadtmauern bietet sich uns ein unvergleichlicher Blick auf die große Schleife, in der der Neckar nordwärts zieht.

Vorbei an der alten Stauferburg Schloß Guttenberg und dem Schifferstädtchen Haßmersheim streben wir dem eigentlichen Nekkartal zu, das sich zwischen Mosbach und Heidelberg im Laufe der Jahrtausende eingegraben hat. Die flachen Hügel schwellen zu riesigen Waldbergen an, die uns bei Obrigheim zu einem Uferwechsel zwingen. Wir setzen unsere Fahrt auf der B 37 fort, die dem Neckar auf der rechten Uferseite folgt.

Hinter Neckargerach können wir an einer kleinen Fähre nicht widerstehen, uns einmal ans andere Ufer transportieren zu lassen. »Wer weiß, wie lange diese Fähre noch existiert«, meint Georg. »Vielleicht steht hier in ein paar Jahren schon eine Brücke.« Die

Moto-Cross

Der 1. MRSC Göppingen ist Ausrichter der Moto-Cross-Rennen in Göppingen, bei denen um Punkte für die DM-Wertung gefightet wird.

Rennstrecke für Straßen-WM

Der Hockenheimring mit seinem Motodrom ist Schauplatz vieler interessanter Rennen um nationale und internationale Ehren. Regelmäßig gehen hier auch Weltmeisterschaftsläufe für Motorräder und Rennwagen über die Bühne.

Überfahrt kostet nur ein paar Pfennige. Der Preis verdoppelt sich allerdings, als wir erkennen müssen, daß der dichte Wald auf der linken Neckarseite kein Weiterkommen ermöglicht. Also lassen wir uns trockenen Fußes wieder ans andere Ufer zurückbringen.

Der Odenwald liegt jetzt vor uns. Fast auf Wasserhöhe zieht die breit und gut ausgebaute Straße in langen Kurvenkombinationen entlang dem Flußlauf. An der noch immer bewohnten Burg Zwingenberg und dem Kurort Eberbach huschen wir vorbei. Mit einem kleinen Abstecher folgen wir dem Neckarlauf nach Hirschhorn, um dann wieder auf die B 37 zurückzukehren. Auf der linken Uferseite taucht eine bewaldete Bergkuppe auf. Von mas-

53

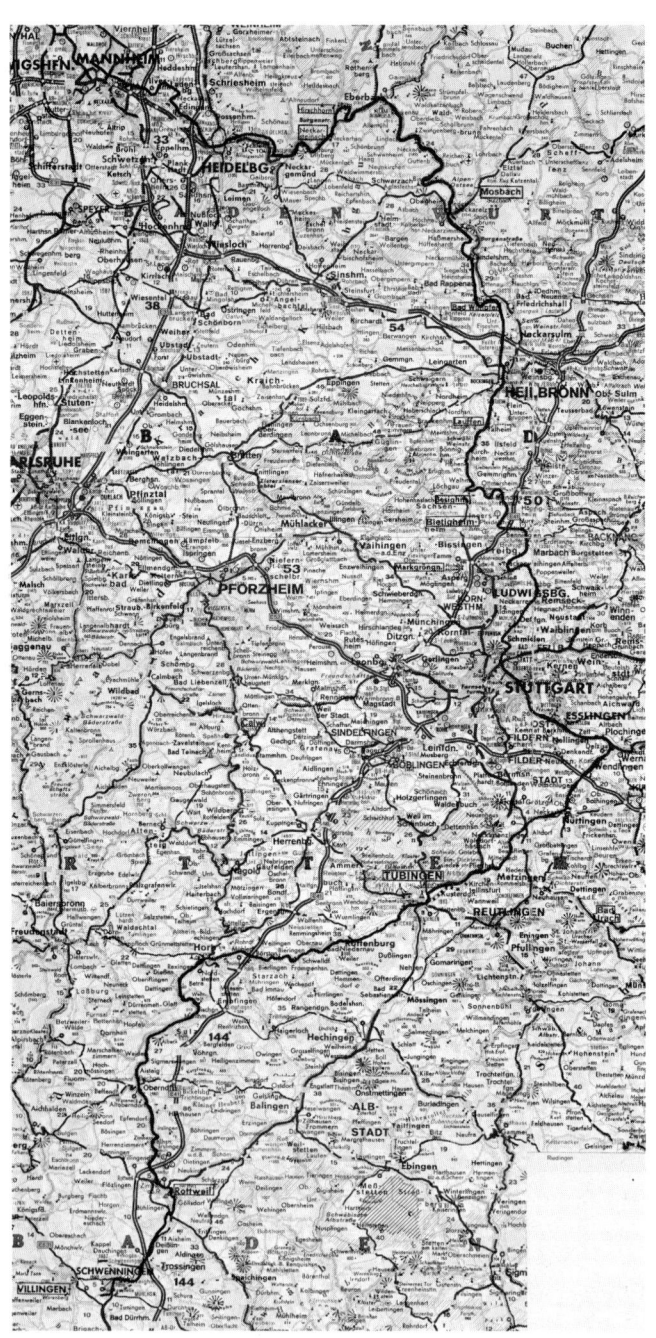

siven Mauern geschützt, thront hier das kleine Städtchen Dilsberg.

Vierburgenstadt wird Neckarsteinach genannt, das knapp 20 Kilometer vor Heidelberg am rechten Neckarufer liegt. Nacheinander passieren wir Hinterburg, Mittelburg, Vorderburg und die wegen ihrer Lage als Schwalbennest bezeichnete Burg Schadeck. Eng kleben die vier Burgen am bewaldeten Berghang oberhalb der Straße, die noch immer den Windungen des Flusses folgt.

Der Verkehr wird immer dichter, was uns den Fahrspaß etwas verleidet. Die vielen Autos machen es uns nicht immer leicht, die Gruppe von Motorrädern zusammenzuhalten. Das Neckartal ist ein so beliebtes Ausflugsziel, daß sich vor allem sonntags kilometerlange Blechkolonnen über die B 37 wälzen. Wir lassen Neckargemünd auf der linken Flußseite liegen und steuern den Inbegriff deutscher Romantik an: Heidelberg.

»I'm not a tourist – I live here«, steht auf dem Meinungsknopf, den einige Heidelberger mittlerweile tragen. Die Zahl der ausländischen Besucher, vor allem Amerikaner, die Tag für Tag die Altstadt und das Schloß bevölkern, geht in die Millionen. Für eine kurze Stippvisite in der historischen Altstadt überqueren wir die Alte Brücke mit dem doppeltürmigen Stadttor.

Die Altstadt mit ihren vielen ge-

Moto-Cross

Auch in Frickenhausen im Kreis Esslingen gehen die Moto-Cross-Piloten an den Start.

mütlichen Kneipen ist bezaubernd, aber es gibt kaum eine Tages- oder Jahreszeit, wo man hier ungestört ist. Abends haben die Studenten alle Kneipen fest in ihrer Hand, tagsüber schwimmt man im Strom der Touristen durch die Altstadt. »Die beste Zeit ist während der Semesterferien, wenn es wie aus allen Kübeln gießt«, meint ein junger Heidelberger. »Dann ist überall Platz: auf den Straßen ebenso wie in den Kneipen.«

Auf Regen sind wir aber nun gar nicht scharf, denn wir haben noch ein paar Kilometer bis zur Neckarmündung zurückzulegen. Und die Regenkombis sollen lieber dort bleiben, wo sie hingehören: im Tankrucksack.

Für die letzten Kilometer unserer Tour bleiben wir auf der linken Neckarseite. Bis Edingen benutzen wir noch die B 37, dann weist uns das bepflanzte Ufer den Weg.

Moto-Cross

In Möckmühl an der Jagst, einem Nebenfluß des Neckars, veranstaltet der dortige RMSC den Jagsttal-Moto-Cross.

Neckarhausen und Ilvesheim sind die letzten Stationen vor Mannheim.
Wir passieren die Stadtteile Sekkenheim und Feudenheim der Kurpfalzmetropole, die wegen ih-

Ihre Tage sind wohl auch gezählt: eine der letzten Neckarfähren zwischen Neckarhausen und der Carl Benz-Stadt Ladenburg

Motorrad-Treff

Der Hockenheimring ist nicht nur eine beliebte Rennstrecke, sondern zieht auch an rennfreien Wochenenden die Motorradfahrer zu Benzingesprächen an.

rer schachbrettartig angeordneten Innenstadt auch »Quadratestadt« genannt wird. Nur ein Stadtplan kann uns jetzt noch weiterhelfen, um die kleine Landzunge zwischen Neckar und Rhein zu finden, die die Mannheimer »Nekkarspitz« nennen. Den Flußlauf haben wir längst aus den Augen verloren, denn die Straßenführung

hat uns immer weiter vom Ufer abgedrängt.
Schließlich schaffen wir es doch noch, in das Hafengebiet vorzudringen, in dem die »Neckarspitz« liegen muß. Die Fahrt zu Flußkilometer Null wird uns aber letztendlich doch verwehrt, denn plötzlich ist die Straße zu Ende. Industrieanlagen, Tanks und Eisenbahnschienen versperren uns den Weg. Nur ein kleiner Trampelpfad zieht oben auf dem Damm zu dem weißen Schild, auf dem eine große schwarze Null aufgemalt ist.

Generalkarte

Blatt 16, 18, 21 und 24

So endet unsere Tour nach 371 Flußkilometer so, wie sie im Schwenninger Moos angefangen hat: mit einem Fußmarsch.

Infos

Fremdenverkehrsverband Neckarland – Schwaben e.V.
Wollhausstraße 14
7100 Heilbronn
Telefon 07131/629061

Fremdenverkehrsverband Odenwald – Bergstraße – Neckartal e.V.
Marktplatz 1
6120 Michelstadt
Telefon 06061/ 666

Landesfremdenverkehrsverband Baden-Württemberg
Bussenstraße 23
7000 Stuttgart 1
Telefon 07 11/481045

TEUFLISCHE GESCHICHTEN

Einst lag am Vogelsberg der Geruch von Rennöl in der Luft. Heute duftet es nur noch nach frischer Natur, denn das Dröhnen der Motoren am Schottenring ist fast verstummt. Die Sagen- und Märchenwelt des Vogelsbergs lebt hingegen weiter fort.

Das Mühlrad der alten Teufelsmühle in Ilbeshausen steht längst still. Ohne von seiner Kraft etwas abzugeben, zieht der Altefeldbach vorbei. 300 Jahre ist die Mühle alt, deren Dach mit leicht verblaßten Ziegeln gedeckt ist.

»Auf dem Dach soll früher einmal eine ganz dicke Strohschicht gewesen sein«, berichtet im nahegelegenen Grebenhain ein greiser Mann, der ein wenig in der Sagenwelt des Vogelsbergs bewandert ist. »Zumindest erzählt man sich das, auch wenn es wahrscheinlich nicht wahr ist. Als man nämlich den Teufel im Himmel entdeckt hatte, beschloß man, ihn hinauszuwerfen. Und dabei soll er dann auf dieses weiche Strohdach der Mühle gefallen sein. Deswegen heißt sie auch Teufelsmühle.«

Der Teufel gab aber nicht nur der alten Mühle in Ilbeshausen ihren Namen. Auch der Vogelsberg selbst soll seine Wortschöpfung sein. Der Satan hatte sich nämlich der Seele eines Schmiedes bemächtigt, dem er die Gelegenheit gab, diese Seele wieder freizukaufen. Drei Fragen sollte ihm der Schmied stellen, die er alle beantworten wollte. Die letzte und entscheidende Frage war, wie denn der riesige Vogel heiße, der auf einem der Bäume saß. Der Teufel blieb die Antwort schuldig. Wutentbrannt stellte er später fest, daß man ihn hinters Licht geführt hatte. Der riesige Vogel war in Wirklichkeit die Frau des Schmiedes, die sich in Brotteig und Federn gewälzt hatte. Zornig verließ er die hügelige, bewaldete Region, die von da an Vogelsberg hieß.

Um solch mystische Erzählungen von seltsamen Wesen und überirdischen Mächten rankt sich der Volksglaube im Vogelsberg. Die Geschichten könnten an einem trüben Wintertag in einem der abgelegenen Höfe entstanden sein. Die Einsamkeit treibt ja oft wunderliche Blüten.

Diese Einsamkeit ist typisch für die Gegend um Nidda, Schotten oder Herbstein. Große Ortschaften gibt es im Vogelsberg nicht. Der Landstrich ist dünn besiedelt, die wenigen Orte bestehen nur aus ein paar Häusern. Oft liegen die Höfe völlig alleine irgendwo zwischen den Feldern.

Ausgediente landwirtschaftliche Geräte finden noch Verwendung als Blumenkübel

Wo es nur solch winzige Ortschaften gibt, kann natürlich auch kaum Verkehr herrschen. Nicht einmal Touristen tummeln sich auf den Straßen. Sie stören das Bild der Abgeschiedenheit nur an ein paar Plätzen. Im Winter sind das vor allem die Lifte am Hoherods-Kopf, im Sommer die großen Seen im südlichen Vogelsberg und die vielen Wanderwege quer durch die Wälder.

Gebiete ohne großen Verkehr sind ein Glücksfall für Motorradtouren. Der Vogelsberg macht da keine Ausnahme. Die kleinen Ortschaften haben erst gar kein großartiges Straßennetz entstehen lassen. Schmale, bisweilen holprige Ne-

Grasbahnrennen

In Nidda süd-westlich des Naturparks Vogelsberg veranstaltet der AMC Butzbach ein internationales Grasbahn-Rennen.

Moto-Cross

Eine weltmeisterschaftstaugliche Moto-Cross-Strecke liegt 25 Kilometer nord-westlich des Vogelsbergs in Beuern. Hier gehen auch Halbliter-WM-Läufe über die Bühne.

benstrecken verbinden die Dörfer, auf denen sich herrlich touren läßt. Das Sträßchen, das von der B 276 hinter Gedern nach Eichelsachsen und weiter nach Eichelsdorf abzweigt, ist dafür ein Beispiel. Ein schmaler Weg zieht durch die Felder, die sich hin und wieder mit einem Stückchen Wald abwechseln. Wir rollen durch Eichelsachsen, ein anmutiges, altes Dorf. Ein winziges Haus taucht neben der Straße auf, die Außenmauern völlig windschief. Die Jahreszahl 1780 ist auf einem der Fachwerkbalken eingeschlagen. Mit viel Liebe ist dieses Häuschen restauriert worden. Fünf Kilometer weiter, in Eichelsdorf, das gleiche Bild. Zwei Reihen mit Fachwerkhäusern säumen die Straße, an der der Eichelbach entlangfließt. Kaum eines der Häuser ist verkommen. Rotbraun gestrichene Holzbalken, grell weiß gekalkte Fassaden, grüne Fensterrahmen und rosaroter Geranienschmuck geben ein farbenprächtiges Bild. Eine romantische Stimmung geht von diesen uralten Häusern mit ihrem winkligen Fachwerk aus. Es ist, als sei man in einer anderen Zeit.

Die schmale Straße zieht weiter nach Ulfa. In engen, ständig wechselnden Kurven schraubt sie sich den Hang hinauf. Ulfa ist ganz anders als Eichelsachsen oder Eichelsdorf. Der Ortskern mit seinen vielen Fachwerkhäusern gleicht sich zwar, nicht aber die Umgebung. Zugezogene haben sich hier niedergelassen, die von Fachwerkbauten nichts wissen wollten. Die Neubauten rund um den Ortskern legen davon ein deutliches Zeugnis ab. Das Flair eines gemütlichen, altertümlichen Dorfes ist dahin.

Die Straße gewinnt noch immer an Höhe, zieht hinauf nach Stornfels mit seiner Burg. Herrliche Ausblicke bieten sich aus dieser Vogelperspektive. Ein grüner Teppich breitet sich vor uns aus, der die unterschiedlichsten Formen und Schattierungen aufweist. Hellgrüne Quadrate liegen neben dunkelgrünen Rechtecken, goldgelbe Felder wechseln sich mit kreisrunden Waldstücken ab. Es ist keine große, zusammenhängende Fläche, sondern ein riesiges Mosaik aus vielen verschiedenen Stückchen. Jedes Feld ist gegen das nächste abgetrennt. Büsche und Hecken bilden eine natürliche Umzäunung. Mitunter türmt sich auch noch eine grau-schwarze Mauer aus Basaltblöcken zwischen den Feldern auf.

Gepreßtes Stroh in mannshohen Rollen, die ein wenig an einen überdimensionalen Handkäse erinnern, liegen überall auf den Stoppeläckern. Bussarde kreisen in der Luft, erspähen eine Beute und stoßen dann pfeilschnell hinunter auf die abgemähten Felder.

Rauchende Schlote oder riesige Fabrikhallen sind Mangelware. Die Natur ist hier noch unter sich.

Auch Schotten, die Rennstadt mit dem klangvollen Namen, ist mehr ein aus den Fugen geplatztes Dorf. Beschaulich ist dieses Städtchen mit hübschen Geschäften, restaurierten Fachwerkhäusern und einladenden Cafés, die sich nicht selten in einem Spalt zwischen zwei Häusern verbergen. Die Teestube in der Vogelsbergstraße hat sich in solch einem alten Fachwerkhaus versteckt, das ein ganzes Stück hinter der langen Häuserfront steht und deshalb erst auf den zweiten Blick auffällt.

Ob Sonne oder Regen, die Tee-

Bergrennstrecke

Der Schottenring war in früheren Zeiten eine beliebte Bergrennstrecke für Motorräder und Autos. 1953 wurde hier sogar der »Große Preis von Deutschland« als Lauf zur Straßen-WM gestartet. Heute wird der Ring oder ein Teil von ihm nur noch für Rallye-Sonderprüfungen genutzt.

stube ist ein vortrefflicher Platz für eine Pause. Bei warmem Wetter laden ein paar Tische mit Sonnenschirmen zu einer Rast im Freien ein, bei schlechtem Wetter findet man in dem urgemütlichen Fachwerkhaus Unterschlupf. Die alten Möbel im Innern, die eine behagliche Wärme ausstrahlen, könnten aus jener Zeit stammen, als Schotten noch vom großen Rennfieber befallen war.

Motorrad-Campingplatz

An der Kreuzung der B 276 mit der von Einartshausen kommenden Nebenstrecke liegt die Gaststätte »Falltorhaus« mit dem Moto-Camp, einem speziellen Campingplatz für Motorradfahrer.

Auf den ausgedehnten Weideflächen finden Kühe kräftige Nahrung

Der Schottenring mit seinen 350 Meter Höhenunterschied zählte zu den bekanntesten Rennstrecken in Deutschland. Manch packender Lauf zur Deutschen Straßenmeisterschaft wurde hier ausgetragen. Rennfahrer wie Schorsch Meier auf BMW und Wilhelm Herz auf NSU donnerten mit ihren Kompressor-Maschinen über diesen Kurs.
Höhepunkt für den Schottenring war wohl die Austragung des Großen Preises von Deutschland im Jahre 1953, wenngleich nur ein Rumpf-WM-Lauf gestartet wurde. Die Werksteams von AJS, Gilera, Moto-Guzzi und Norton reisten nach Besichtigung der Strecke wieder ab. So gingen nur Läufe in

der Achtelliter- und Viertelliter-Klasse über die Bühne.
Wie auf anderen Straßenkursen auch, kam mit immer schnelleren Maschinen, strengeren Vorschriften seitens der Straßenverwaltung und einem gesteigerten Umweltbewußtsein das Aus für den Schottenring. Erst traf es die Motorradfahrer, dann auch die Sportwagen-Piloten. Den Kurs für ein komplettes Rennen zu sperren ist heute

Ihre Lebenseinstellung dokumentieren manche Leute im Vogelsberg schon an ihrer Häuserwand

Grasbahnrennen

Auf dem Oval des MSC Wallroth gehen in der Nähe von Schlüchtern Grasbahnrennen über die Bühne.

keiner Stelle der Strecke mehr deutlich, daß es sich einst um eine hochkarätige Rennstrecke gehandelt hat. Teilweise stehen ganz normale Leitplanken am Straßenrand, mitunter ist aber auch der Fluchtweg in die Felder frei.
Es macht schon Spaß, diese

nicht mehr möglich. Allenfalls für Sonderprüfungen bei Rallyes wird der Schottenring noch herangezogen.
Bei einer Fahrt von Schotten hinauf Richtung Hoherods-Kopf und wieder hinunter nach Schotten wird an

Strecke etwas forscher hinaufzufahren. Stellenweise ist der Belag etwas holprig, aber für ein Straßenmotorrad immer noch gut genug. Kurvenreich ist die Strecke mit engen Spitzkehren, die volle Konzentration fordern. Dabei ist die

Aussicht gerade auf dem nördlichen Steckenabschnitt so faszinierend, daß wir ständig in Versuchung sind, unsere Blicke eher auf die Landschaft neben der Strecke zu richten als auf die Fahrbahn.

Motorrad-Stammtisch

Jeden Mittwoch findet in der Gaststätte »Falltorhaus« an der B 276 westlich von Schotten ein Motorrad-Stammtisch statt.

Wie ein glänzender Spiegel inmitten von dunklen Wäldern blinkt in der Ferne der Nidda-Stausee. Davor liegt Schotten, das auch aus dieser Sicht nicht den Eindruck einer Stadt vermitteln kann. Dicht-

gedrängt stehen die Häuser mit ihren leuchtenden orangefarbenen Ziegeldächern in der Ebene. Rings herum wieder diese charakteristischen Felder mit ihren Umgrenzungen aus Büschen und Hecken. Zurück geht's auf der Ringstraße nach Schotten, und dann auf der Bundesstraße 276 in westliche Richtung. Nach wenigen Kilometern schon taucht auf der rechten Seite die Gaststätte »Falltorhaus« auf. Ein Moto-Camp ist dort entstanden, bei dem in punkto Komfort allerdings ein paar Abstriche zu machen sind. Die Wiese für die Zelte ist sehr uneben, die sanitären Anlagen primitiv. Trotzdem: Um mit ein paar anderen Motorradfahrern bei Grillwürstchen Benzin zu re-

Hübsche Plätze im Grünen laden zu einer Rast beim Touren ein

den, ist dieser Platz ideal, zumal es ringsherum keine Nachbarschaft gibt, auf die man bei mitternächtlichen Diskussionen Rücksicht nehmen müßte.

Für uns ist es noch viel zu früh zum Übernachten, so daß wir gleich hinter Schotten in nördliche Richtung nach Betzenrod abbiegen. Die Straße steigt sofort steil an und bietet noch einmal diesen herrlichen Ausblick auf Schotten, die glänzende Oberfläche des Nidda-Stausees und die umliegende grüne Landschaft.

Was danach folgt, ist ein ständiges Auf und Ab. Die Straße steigt erst leicht an, bietet ein paar prächtige Ausblicke, fällt dann wieder sanft ab in irgendeine dieser kleinen Ortschaften, um anschließend aus der Senke wieder emporzuziehen. Die Ursache für diese Wellenbewegungen liegt rund 50 Millionen Jahre zurück. Damals ergoß sich im Vogelsberg heiße Lava über den Sandsteinuntergrund. Dabei entstand zwar kein spektakulärer Berg, aber eine ganze Reihe von Erhebungen zwischen 600 und fast 800 Meter. Der Taufstein ist mit 774 Meter die höchste von ihnen. Schroffe Felsen wie etwa in den Alpen besitzen im Vogelsberg Seltenheitswert. Die ganze Region ist ein sanft geschwungenes Hügelland vulkanischen Ursprungs. Wir würden gar nicht merken, wie hoch wir sind, wären da nicht die kleinen grünen Schilder mit der gelben Schrift, auf die wir fast überall im Vogelsberg treffen. In 50-Meter-

Abständen sind wir so immer über die aktuelle Höhe im Bilde.

Generalkarte
Blatt 13

Das kleine Mittelgebirge ist ein richtiger Springbrunnen. Auf dem sich schildähnlich erhebenden Plateau entspringen Schwalm, Nidda, Nidder, Wetter, Ohm und noch eine Vielzahl anderer kleiner Flüsse.

Gleichzeitig ist es auch ein Prallbock für die Wolken, die von Westen kommen. Kein Wunder, daß es doppelt so viel regnet wie in den Ebenen rundherum. Eine Tour ohne Regenkombi kann in dieser Gegend also durchaus eine feuchte Angelegenheit werden. Uns scheint Petrus wohlgesonnen, denn noch ziehen keine schwarzen Regenwolken am Himmel auf. Wir bewegen uns am nördlichen Rand des Vulkansockels nach Altenhahn und weiter nach Wohnfeld. Riesige Buchen stehen direkt neben der Straße, deren schwarz-graue Stämme fast kerzengerade in den Himmel wachsen. Ein wenig bedrückend ist die Stimmung auf der schmalen Straße, die sich zwischen den sonnenvertilgenden Bäumen hindurchquetscht.

Ulrichstein könnte man wohl das Prädikat »Schindel-Dorf« verleihen. In dem kleinen, ruhigen Ort ist jedes zweite Haus in mühevoller

Arbeit mit Holzschindeln verkleidet. Die natürliche Holzfarbe haben aber nur noch die wenigsten. Gelb, weiß, grün, hellblau und braun gestrichene Häuser stehen einträchtig nebeneinander.

Vor 400 Jahren war diese Idylle noch der Schrecken des Vogelsbergs. Damals thronte eine stolze Burg oberhalb von Ulrichstein, wo heute nur noch eine Ruine zu sehen ist. Landgraf Christoph Ernst lockte manch weibliches Wesen auf die Burg und raubte ihm die Unschuld, bis seine Halbbrüder die Burg stürmten und ihn bis zu seinem Tode im Zuchthaus der Wasserburg Ziegenhain einsperrten. Aber es gibt nicht nur mystische Sagen und schreckliche Erzählungen in diesem Gebiet. Am Südrand des Vogelsbergs liegt Steinau an der Straße. Über den Hoherods-Kopf mit seinen stets sichtbaren Sendemasten fahren wir hinüber zu den Nieder-Mooser und Ober-

Lustige Schnitzerei an einer im Fachwerkstil gebauten Kirche

Mooser Teichen. Noch einmal haben wir einen weiten Blick auf das Hessenland mit seinen Feldern und den verstreuten Waldstücken, mit den kleinen, geschlossenen Häuseransammlungen, aber auch mit den schon als winzige Punkte erkennbaren rauchenden Schloten, die noch weit in der Ferne sind.

An den beiden Teichen biegen wir auf die Deutsche Märchenstraße, die hinunter nach Steinau führt. Unweit der Kreuzung steht ein Schäfer mit seiner Herde, den dunkelgrünen Umhang über den Schultern, den schwarzen Schlapphut weit ins Gesicht gezogen. Er hätte vielleicht in die Märchenwelt der Brüder Grimm gepaßt. Für sie war Steinau ihr Jugendparadies. »Und vor mir zwischen zwei Bergen das Wun-

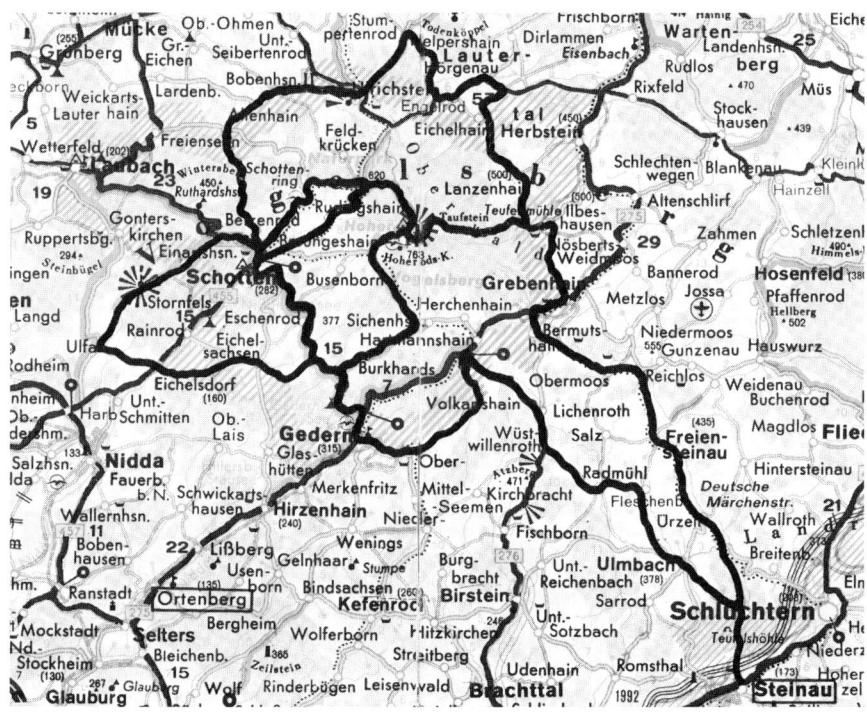

derland meiner Kinderträume, da sah ich Steinau«, so beschrieb Ludwig Emil Grimm, der malende Bruder der beiden Märchenerzähler, die Stadt an der Kinzigtalsperre.

Der alte Brunnen an der nördlichen Stadtmauer war einst der schattige Lieblingsplatz der Brüder Grimm. Hier kann man zum Tourausklang die Sagen- und Märchenwelt des Vogelsbergs einmal Revue passieren lassen. Ob Hexe oder Prinzessin, ob Teufel oder König, ob gut oder böse – eines haben sie alle gemeinsam: Wenn sie nicht gestorben sind, dann leben sie noch heute . . .

Infos

Hessischer Fremdenverkehrsverband e.V.
Abraham-Lincoln-Straße 38-42
6200 Wiesbaden
Telefon 06121 / 73725

Fremdenverkehrsverband Vogelsberg und Wetterau
Goldhelg 20
6420 Lauterbach
Telefon 06641 / 850

Fremdenverkehrsverband Kinzigtal – Spessart – Südlicher Vogelsberg e.V.
Barbarossastraße 20
6460 Gelnhausen
Telefon 06051 / 85278 oder
06181 / 292271

BACCHUS LÄSST GRÜSSEN

Dürkheimer Schenkenböhl, Kallstadter Saumagen oder Ungsteiner Honigsäkkel – Weinkennern läuft bei diesen Namen das Wasser im Munde zusammen. Die Abstinenz beim Motorradfahren sollte aber deswegen nicht dazu verleiten, die weinselige Pfalz zu meiden. Denn es gibt hier weit mehr zu sehen als Reben, Trauben und Wein.

Der säuerliche Geruch von Gegorenem liegt in den engen, verwinkelten Gassen von St. Martin. Eine ganze Armee von Kleintraktoren holpert über das Kopfsteinpflaster. Der Größe nach könnten die Zugmaschinen von einem Jahrmarkts-Karussell stammen. Im Schlepp haben sie zwei ebenso winzige Hänger, vollgeladen mit blauen Trauben. Die Zeit der Weinlese ist in der Pfalz angebrochen. Alles, was noch oder schon laufen kann, ist in den Weinbergen unterwegs, um die prallen Traubenhenkel von den Reben zu schneiden. Nicht einmal zum Mittagessen

geht's nach Hause. Auf den kleinen Wegen zwischen den Rebstöcken stehen große Anhänger, mit einer Plastikplane vorsorglich gegen Regen geschützt. Hier trifft man sich zum Vesper während der kräftezehrenden Arbeit.
»Das sieht so einfach aus, wenn die Trauben vom Stock geschnitten werden«, meint Marion, während sie vom Motorrad aus ein paar alten Frauen mit Kopftüchern bei der Arbeit zuschaut. »Ich hab' mal vor ein paar Jahren bei der Weinlese geholfen. Da tut Dir schon nach einem Tag der Rücken so weh, daß Du es gleich wieder aufsteckst.«
Dank moderner Technologie geht es natürlich auch einfacher: mit einem maschinellen Traubenvollernter. Seine beiden kräftigen Schlagarme klopfen die Trauben von den Reben. Aber noch immer werden zwei Drittel der Trauben in der Pfalz von Hand gelesen. Und an den Steilhängen, an denen der Riesling wächst, wird die Maschine ohnehin nie eine Chance haben.

Welch immense Arbeit die Winzer und ihre Familien verrichten, wird uns zumindest andeutungsweise klar, als wir hinter St. Martin eine kleine Stichstraße zwischen den

69

Kurz vor der Lese haben die Trauben eine pralle, runde Form

Motorrad-Museum

In Otterbach nördlich von Kaiserslautern hat der Gespannfahrer Heinz Luthringshauser ein Motorrad-Museum eingerichtet. Seine Schätze stellt er in einer alten Kirche aus.

Weinbergen hochfahren. So weit das Auge blicken kann nur Reben, Reben und nochmals Reben. Die winzigen Ortschaften inmitten dieses grün-gelblichen Teppichs muten wie Spielzeugdörfer auf einer Modelleisenbahnanlage an. 22 000 Hektar Weinberge erstrecken sich links und rechts der Deutschen Weinstraße. Eine Fläche, die wir uns auch angesichts der endlosen Rebfelder vor unseren Augen nicht recht vorstellen können. Sie entspricht über 25 000 Fußballfeldern. 100 Millionen Rebstöcke stehen in diesen Weinbergen, so schätzen die Pfälzer. Die Zahl der einzelnen Trau-

ben läßt sich da beim besten Willen nicht mehr ermitteln.

Hinter dem historischen Winzerort St. Martin weist ein grünes Schild den Weg zur Totenkopfstraße. Mitunter sind solche Hinweise mit Vorsicht zu genießen, denn sie führen leicht an einen Ort, wo man sich plötzlich inmitten einer Schar von Touristen wiederfindet. Mit der Totenkopfstraße ist das ganz anders. Sie zählt zu den schönsten Straßen der Pfalz, und das auch deshalb, weil die meisten Touristen dieses schmale Sträßchen durch den Wald meiden.

Zu Anfang ist sie noch breit und unproblematisch, aber je weiter sie in den Wald vordringt, desto enger wird sie. Irgendwann verdient sie die Bezeichnung Straße schon fast nicht mehr. »Asphaltierter Waldweg« wäre für den schmalen Pfad sicherlich zutreffender. Schlangenartig windet er sich durch den Laubwald, an beiden Seiten unbefestigt. Um die Mittagszeit blitzen die Sonnenstrahlen durch das Laubdach und zaubern mit ihrem diffusen, streifigen Licht eine romantische Stimmung.

Es ist eine Straße zum Genießen,

Pflücken streng verboten – aber schließlich muß man die süßen Trauben einmal kosten

nicht zum Rasen. Dazu geht es zwischen den Bäumen viel zu eng zu. Kommt ein Auto entgegen, reicht der Platz meist nur noch für ein Motorrad. Schon deshalb schalten wir einen Gang zurück und tuckern gemütlich zwischen den hohen Bäumen hindurch.

Bergrennstrecken

Zwei Bergrennstrecken gab es in der Pfalz, die aber im heutigen Naturpark keine Verwendung mehr finden. Die eine lag bei Taubensuhl, die andere war der Eselssteig bei Fischbach.

An der Ruine Breitenstein stößt unser verträumtes Sträßchen auf das Elmsteiner Tal. Eine gut ausgebaute Nebenstrecke zieht entlang dem Speyer-Bach. In den langgezogenen Kurvenkombinationen kommt eine ganze Menge Fahrspaß auf. Allerdings nur unter der Woche. Am Wochenende rauben einem die Touristen, die beim Fahren auch gleich noch die Landschaft betrachten wollen, den letzten Nerv. Zum Glück gibt es eine ganze Menge Seitenstraßen, in die sich kaum ein Auto verirrt.

Die erstbeste nehmen wir gleich, die an der Säge-Mühle bei Helmbach zur Hornesselwiese führt. Es lohnt sich wirklich, für eine Rast im Grünen in das zauberhafte Helmbachtal bis zum Gasthaus Hornesselwiese zu fahren. Auf einer kleinen Terrasse, an der der Helmbach vorbeifließt, kann man weitab vom Touristenlärm die Ruhe genießen. In der »Hornesselwiese« gibt es einen süffigen Brombeer- und Heidelbeerwein, der allerdings so verführerisch ist, daß die Pfalz-Reise hier schon zu Ende wäre. Um erst gar nicht in Versuchung zu geraten, lassen wir unsere Maschinen noch ein Stückchen weiter rollen. In Iggelbach zweigen wir für einen kurzen Abstecher nach Elmstein ab. Hier geht es zwar längst nicht so ruhig, dafür aber originell zu: Aus einem alten Lokschuppen wurde ein Restaurant. Wo früher das Kuckucksbähnel vom Elmsteiner Tal seinen Unterschlupf hatte, sitzen heute Gäste beim Essen.

Das historische Winzerdorf St. Martin inmitten der weiten Rebfelder

Das schöne Herbstwetter lockt uns allerdings ins Freie. Aber selbst dort müssen wir auf Eisenbahnflair nicht verzichten: Unsere Tasse Kaffee genießen wir auf dem ehemaligen Bahnsteig.

Mit dem Touristenverkehr im Elmsteiner Tal können wir uns noch immer nicht anfreunden, so daß wir noch einmal nach Iggelbach zurückfahren. Zwischen den Kuppen von Bloskülb und Brogberg touren wir auf einem Seitensträßchen weiter zum Eschkopf.

Da hat dann die Herrlichkeit der Nebenstrecken ein Ende, denn wir stehen direkt an der Kreuzung zur Bundesstraße 48. Dichter Verkehr herrscht hier, aber der ist uns gar nicht mal so unangenehm. Ganze Horden von Motorradfahrern rauschen in beiden Richtungen an uns vorbei. Der Grund dafür ist einfach:

keine fünf Kilometer entfernt liegt Johanniskreuz, das Mekka der Motorradfahrer in der Pfalz. Auf dem riesigen Parkplatz an einer Straßenkreuzung gleich neben der B 48 finden sich an sonnigen Wochenenden Hunderte von Motorradfahrern ein.

»Fahrt doch mal hinauf nach Otterbach«, empfiehlt uns einer von ihnen. »In einer halben Stunde seid Ihr dort. Da gibt es ein starkes Motorrad-Museum.« Das Angebot erscheint verlockend. So verlockend, daß wir es sogar in Kauf nehmen, ein Stückchen durch den dichten Verkehr von Kaiserslautern zu fahren.

Geführte Touren

Durch die Pfalz kann man auch in geselliger Runde touren. Der Münchener Spezialreiseveranstalter »Motorradreisen« bietet eine zweitägige Tour an.

Gelände-Zuverlässigkeitsfahrt

In Dahn im Wasgau veranstaltet der MSV Supero Pirmasens die Grenzland-Gelände-Zuverlässigkeitsfahrt für Motorräder.

Schlaue und zugleich umsatzfördernde Sprüche am Weinlehrpfad in Edenkoben

In Otterbach brauchen wir nicht lange zu suchen. »Orientiert Euch an dieser Kirchturmspitze da vorne«, erklärt uns ein Einheimischer, während seine Hand zu einer Kirche deutet, deren Turm zwischen den vielen roten Ziegeldächern emporragt. »Dort findet Ihr dann schon die alten Maschinen.« Als wir wenig später vor dem Museum stehen, sind wir erst einmal sprachlos. Die Kirche ist nämlich nicht nur der Orientierungspunkt. In ihr stehen auch all die Motorräder, die der ehemalige Gespannfahrer Heinz Luthringshauser zusammengetragen hat. Dieser Ausstellungsort für Motorräder ist sicherlich einmalig in der Welt.

Eine ganze Weile bestaunen wir die Schätze des ehemaligen BMW-Piloten, dann steht uns der Sinn wieder nach Natur. Aber noch einmal wollen wir Kaiserslautern mit seinem riesigen Areal an amerikanischen Kasernen und Siedlungen nicht durchqueren. Also stehlen wir uns auf der B 270 am Stadtrand entlang. An der Hohenecker

Motorrad-Treff

Am Ende des Elmsteiner Tals trifft die von Lambrecht kommende Nebenstrecke auf die B 48. Ein paar Meter von dieser Kreuzung entfernt liegt in Johanniskreuz ein riesiger Parkplatz. Hier ist der Motorrad-Treff der Pfalz.

Bergrennen

Westlich vom Motorrad-Museum Otterbach liegt in der Nähe von Kusel der Potzberg. Hier werden noch Bergrennen für Autos ausgetragen.

Mühle zweigen wir nach Queidersbach ab, um ein Stückchen durch das Gebiet des alten Ritters Franz von Sickingen zu touren. Aber schon in Waldfischbach-Burgalben zieht es uns wieder in den Naturpark Pfälzer Wald hinein.
Ein kleines Sträßchen entlang dem Schwarzbach haben wir uns auf der Karte ausgesucht. Plötzlich ist Georg neben mir und hupt: »Da ging ein ganz schmaler Weg über eine Brücke«, schreit er durch das geöffnete Visier herüber. »Wir könnten mal schauen, ob's da wei-

tergeht.« Marion hat wohl dieselbe Idee gehabt, denn sie hat ihre Maschine schon gewendet.
Eine kleine, verwitterte Brücke führt hinüber über den Schwarzbach. Dahinter eine Geschwindigkeitsbeschränkung auf 40 Stundenkilometer und ein kleines Zusatzschild: »Privatweg der Forstverwaltung – Befahren auf eigene Gefahr.« »Das hört sich gut an«, meint Georg erwartungsvoll. »Das ist bestimmt so ein kleiner Weg, wo niemand unterwegs ist.«
Georgs Erwartungen werden nicht enttäuscht. Ein enges Sträßchen zieht am Rande des Hesselbergs kurvenreich in die Höhe. Der Wald ist so dicht, daß er nach jeder Kurve die dahinterliegende Straße verschluckt. Die Strecke ist an den Rändern unbefestigt und wäre für manchen Autofahrer sicherlich ein Graus. Eigentlich ist es ein Wunder, daß an einem solchen Fahrweg kein Verbotszeichen steht. Aber wir sind natürlich glücklich, einen solchen Leckerbissen entdeckt zu haben.
Als wir auf die nächste Kreuzung stoßen, müssen wir uns erst einmal orientieren. Wir sind in Clausen gelandet, einer kleinen Ortschaft, durch die die Deutsche Schuhstraße zieht.
Im Volksmund werden die Bewohner rund um Clausen die »Schlappeflicker« genannt. Schlappen, das sind leichte, aus Stoff genähte Schuhe. Mit ihnen nahm zu Beginn des 19. Jahrhunderts die Schuhindustrie ihren Anfang.

Mittlerweile hat sich Pirmasens zur Metropole gemausert. Das Deutsche Schuhmuseum im Alten Rathaus und die Deutsche Schuhfachschule sind hier beheimatet. Fast jedes dritte Paar Schuhe in Deutschland kommt aus der Pfalz. Kein Wunder, daß wir bald nach jeder Kurve über ein Schild »Schuhverkauf ab Fabrik« stolpern. Würsischen Touristikroute zieht, scheint von den Autofahrern noch kaum jemand wahrgenommen zu haben. Die Straße durch die dichten Wälder haben wir jedenfalls für uns alleine. Wäre es nicht schon Herbst, könnten wir nach Ludwigswinkel zu den kleinen Waldseen abbiegen. Im Sommer sind die versteckten Gewässer ein wunder-

Hübsche blumengeschmückte Häuser und kopfsteingepflasterte Straßen gehören zum Bild der Winzerorte

den wir überall auch nur nachfragen, ob es Motorradstiefel gäbe, wären wir bestimmt eine Woche beschäftigt.
Da fühlen wir uns doch im Grenzgebiet zum Elsaß viel wohler. Daß von Eppenbrunn nach Fischbach ein Teilstück der Deutsch-Französchöner Platz für ein erfrischendes Bad. Jetzt aber ist es dafür doch schon eine Spur zu kalt.
Die weiten Rebenfelder ziehen bis hier herunter an die französische Grenze. Der Übergang zu den Weinanbaugebieten des Elsaß ist fließend. Sozusagen zwischen zwei Traubenhenkel verläuft die Grenze, denn das schwarz-rot-goldene Grenzschild mit dem Bundesadler steht mitten im Wingert.

Schlagbäume gibt's natürlich keine. Die Winzer fahren mit ihren winzigen Traktoren schon mal auf französisches Gebiet zum Wenden, um anschließend wieder durch die Rebzeilen auf deutschem Boden zu tuckern.

Nördlich dieses Grenzstreifens erstreckt sich das Wasgau, das Burgenland der Pfalz. 500 Burgen und Burgruinen gab es einst in der Pfalz, aber von den meisten sind

Jetzt gibt es den süßen, leicht prickelnden Traubensaft

nur noch ein paar kümmerliche Überreste zu sehen. Die schönsten der noch erhaltenen Burgen stehen im Wasgau, allen voran die Burg Berwartstein.

Von Niederschlettenbach fahren wir in nördliche Richtung nach Vorderweidenthal. Die Straße zieht entlang der Lauter. Rechts von uns ein breites Wiesenband mit dem dahinterliegenden Bach, links der Wald. Ein Straßenknick, dann taucht plötzlich Berwartstein vor uns auf. Hoch oben auf dem bewaldeten Hügel steht die Burg. Einst gehörte sie dem kurpfälzischen Marschall Hans von Drott, der im ständigen Zwist mit den Äbten von Weißenburg lag. Seine Gewalttätigkeiten führten schließlich dazu, daß er in Reichsacht und päpstlichen Bann geriet. Seit dieser Zeit geistert er unter dem Namen Hans Trapp oder der böse Ritter von Trott als Kinderschreck durch die pfälzische Sagenwelt.

Langstreckenfahrt

In Haßloch östlich von Neustadt an der Weinstraße veranstaltet der dortige MC eine Langstreckenfahrt für Motorräder.

Berwartstein ist die einzige wiederaufgebaute Burg der Pfalz. Elf Stockwerke zählt sie und bietet einen Einblick in Burgküche, Rüstungskammer und Rittersaal. An Wochenenden besichtigt man diese Räume entweder früh am Morgen, oder man vergißt den Berwartstein besser ganz. Nachmittags pilgern ganze Scharen von Touristen zu der Burg. Im Pulk kann man sich dann durch die Burg schieben lassen.

Nicht viel anders ist es ein Stück weiter nördlich am Trifels, der die Stadt Annweiler überragt. Der Trifels gehört zu den bedeutendsten Burgen der Pfalz. Er war der Lieblingssitz von Kaiser Barbarossa und die wichtigste Reichsburg der Staufer. Gleich zweifach ging der

Speedwayrennen

Südöstlich der Deutschen Weinstraße treten in Herxheim die Speedwayspezialisten im Oval an.

Trifels in die Gesichtsbücher ein: Hier wurden bis 1153 die Reichsinsignien aufbewahrt, und 40 Jahre später war die Burg das Gefängnis des englischen Königs Richard Löwenherz.

Uns steht nicht gerade der Sinn nach viel Rummel, so daß wir vom Berwartstein aus lieber mitten ins Wasgau nach Dahn fahren. Ein kleiner Weg, der vor Dahn rechts abzweigt, führt uns zu den drei Ruinen Grafendahn, Altdahn und Tanstein. Auf einer 200 Meter langen Felsenmauer aus Buntsandstein stehen die Überreste der einst so stolzen Burgen. Gegen Abend bilden die alten Mauern mit ihren schroffen Steinen und Geschützscharten eine bizarre Silhouette gegen die untergehende Sonne.

»Hier kann man toll die vom Fahren eingerosteten Knochen bewegen«, meint Marion und ist plötzlich verschwunden. Sie steckt irgendwo in diesen vielen Gängen der Unterburgen, die über ausgetretene Steintreppen hinauf zu den Oberburgen führen. »Kommt alle mal hier rauf«, ruft sie uns kurze Zeit später vom südlichen Geschützturm zu. »Die Sicht ist fantastisch.«

Durch das alte Burggewölbe, in dem der Geruch von Moder steckt, klettern wir hinauf auf den Aussichtspunkt. Der Blick über die Laubwälder, die sich schon mit den bunten Herbstfarben geschmückt haben, ist fast so schön wie der über die weiten Rebfelder an der Weinstraße.

Diese endlosen Weinberge und die unzähligen Winzerbetriebe, an denen wir schon den ganzen Tag über vorbeigefahren sind, scheinen Georg nicht aus dem Kopf zu gehen. »Wir könnten uns mal langsam nach einer gemütlichen Weinstube umschauen. Das ist ja schon fast wie eine Folter, wenn es überall nach neuem Wein riecht, die vielen Flaschen in den Schaukästen stehen und wir noch immer keinen Schluck getrunken haben«, meint er. Die anderen nicken zustimmend.

Also orientieren wir uns wieder zurück zur Weinstraße, ohne aller-

Fantastische Ausblicke über das Wasgau bieten sich von den Dahner Burgruinen

dings einen fahrerischen Leckerbissen zu versäumen. Auf dem
Weg von Hinterweidenthal nach
Annweiler zweigt vor Wilgartswie-
sen eine Straße zum Hermesbergerhof ab. »Zum Wintersportge-
biet« weist uns ein Schild den Weg.
Eine gut ausgebaute Straße zieht
in Kehren, Kurven und Schleifen
den Berg hinauf. Hier kann man es
einmal richtig laufen lassen. Von
einer Seite zur anderen schwingt
die Maschine, als wäre sie auf einer Slalomstrecke. Zwischen den
Bäumen wird hin und wieder der
Blick frei auf die gegenüberliegenden bewaldeten Hänge, die sich in
ihrer ganzen Herbstpracht zeigen.
Oben auf der Kuppe in dem Weiler
Hermesbergerhof haben alle
leuchtende Augen. »Das hat Spaß
gemacht«, ist die einhellige Meinung.
Aber es soll noch besser kommen.
Wir folgen dem Schild zum Luit-
pold-Turm. Im Rückspiegel sehe
ich, wie die anderen etwas unsi-
cher werden. Der Weg ist am Rand
unbefestigt und ganz schmal. Mitten durch den Wald zieht er hindurch. Jeder von uns wartet offensichtlich auf das obligatorische
Sperrungs-Schild, das irgendwann
nach einer Kurve auftauchen muß.
Aber Kurve reiht sich an Kurve, dazwischen einige kleine Geraden,
ein paar Kuppen. Nur kein Ver-
botsschild. Sechs oder sieben Kilometer mögen es sein, die wir auf
diesem schmalen Pfad durch den
Wald fahren. Ich kann es selbst
kaum fassen, daß ein solch traum-

hafter Weg für den Verkehr frei ist.
Als wir wieder auf eine größere
Straße stoßen, fehlen die Wegweiser zur nächsten Ortschaft. Wir
entscheiden uns dafür, nach rechts
zu fahren. Wenig später sind wir
wieder an jener Straße, wo wir am
Morgen schon einmal gelandet waren, als wir von der Totenkopfstraße kamen und weiter zum Motorrad-Treff Johanniskreuz fuhren.

Motorrad-Café

*Im Café Johanniskreuz unmittelbar
beim Motorrad-Treff herrscht im Sommer auf der riesigen Terrasse großer
Andrang von Motorradfahrern.*

Marion findet das nicht weiter
schlimm. »Da hängen wir an diese
schöne Strecke von eben einfach
noch eine zweite an, indem wir
noch einmal die Totenkopfstraße
fahren.« Der Vorschlag löst allge-
meine Begeisterung aus. Parallel
zum Elmsteiner Tal rollen wir durch
Iggelbach wieder zurück zur Totenkopfstraße. Hin und wieder liegen Kastanien auf der Straße, allerdings die von der edlen, eßbaren
Sorte. Aber die Suche ist mühevoll,
und der Wein lockt.
Dieses Mal bekommen wir die Totenkopfstraße bergauf unter die
Räder. Das macht noch viel mehr
Spaß als am Morgen, wo wir ständig die Bremsen malträtieren muß-
ten. Dunkel ist es in dem Wald geworden, denn mittlerweile steht die

Sonne so tief, daß kaum noch ein Strahl in den Taleinschnitt fällt. Wir fahren erst gar nicht bis zur Weinstraße, sondern biegen bei St. Martin in die Weinberge ab. Zwischen den Rebflächen geht es nach Edenkoben. Oberhalb des Winzerstädtchens ist Schloß Ludwigshöhe zu sehen, das für den Bayernkönig Ludwig I. gebaut wurde. Heute beherbergt es eine ständige Ausstellung des Impressionisten Max Slevogt und wird von der rheinland-pfälzischen Regierung für Staatsbesuche genutzt. Von Schloß Ludwigshöhe zieht eine Sesselbahn hinauf zur Rietburg. Für die Pfälzer ist dies ihre »Aussichtsterrasse«, denn keine andere Burg der Pfalz bietet einen so prächtigen Ausblick.

Uns steht aber weniger der Sinn nach einer Sesselbahnfahrt als nach einem Schoppen Wein. Das »schönste Dorf der Pfalz«, wie Rhodt unterhalb der Rietburg bezeichnet wird, kommt uns da gerade recht.

Das Dorf mit seinen alten Winzerhäusern aus der Barock- und Renaissance-Zeit, mit seinen holprigen, kopfsteingepflasterten Gassen und den mächtigen Kastanien ist wirklich ein Kleinod. Besonders deutlich wird das, als wir uns noch ein klein wenig Zeit nehmen und durch die Seitenstraßen rollen. Da ranken Weinreben mitten im Ort an den Häusern hoch, in die gleich zwei Tore mit Rundbogen führen. »Das hat schon seinen Sinn mit den zwei Toren«, meint ein alter

Rebenumrankte Häuserfront in Rhodt unter Rietburg, dem schönsten Dorf der Pfalz

Pfälzer in der »Brunnestubb«, wo wir uns an einem guten Schluck Wein und einem deftigen Winzerschinken im Brotteig laben. »Das kleine Tor ist das Nadelöhr. Und solange der Winzer noch durch dieses Nadelöhr paßt, hat er auch noch Chancen, in den Himmel zu kommen.«

Generalkarte
Blatt 15 und 18

Wir halten das ganze für »Winzerlatein«, aber für lustige Geschichten sind die Pfälzer zu haben. Nur

Ein stilles Fleckchen unterhalb der Burg Berwartstein

ist es für Fremde nicht immer leicht, den Dialekt der »Pfälzer Krischer« (auf hochdeutsch: Pfälzer Kreischer) zu verstehen. Der Freiherr von Knigge, Apostel für Benimm-Formen, hatte da wohl auch so seine Schwierigkeiten. »Die mehrsten Menschen schreien in einer Mundart, von der man nicht recht weiß, ob man sie für Deutsch oder wofür sonst halten soll«, äußerte er sich einmal zum Pfälzer Dialekt.

Der Stimmung tun solche Verständigungsschwierigkeiten allerdings keinen Abbruch, und in der »Brunnestubb« geht es ohnehin immer stimmungsvoll zu. Eigentlich heißt diese Winzergaststätte »Weinstube Waldkirch«, aber für die Einheimischen ist sie nur ihre »Brunnestubb«. Was durchaus einen realen Hintergrund hat: Die Tisch-

platte des Stammtisches ist aus Glas und liegt auf einem acht Meter tiefen Brunnen, der mitten in der Weinstube steht. Gleich daneben ist der knorrige Stamm eines Birnbaums fest im Fußboden verwurzelt. Durch die Mauer der »Brunnestubb« wächst er nach außen.
In so einer urigen, gemütlichen Weinstube schmeckt der Schoppen natürlich noch einmal so gut. Die Pfälzer sind trinkfest und geben sich mit einem »Viertele« erst gar nicht ab. Für sie ist der Schoppen, ein halber Liter, das Standardmaß.
Als Motorradfahrer müssen wir da Zurückhaltung üben, denn der Pfälzer Wein kann süffig und verführerisch sein. In Rhodt unter Rietburg ist da sogar doppelte Vorsicht geboten. Denn seit 1903 geben sich die Rhodter auch mit einem Schoppen nicht mehr zufrieden. Sie haben ihr eigenes Maß: den »Rhodter Pfiff«. Und der faßt gleich einen Liter.

Infos

Fremdenverkehrsverband Rheinland-Pfalz e.V.
Löhrstraße 103-105
5400 Koblenz
Telefon 02 61 / 3 10 79

Fremdenverkehrsverband Rheinland-Pfalz e.V.
Außenstelle Pfalz
Hindenburgstraße 12
6730 Neustadt a.d. Weinstraße
Telefon 0 63 21 / 24 66

Südliche Weinstraße –
Zentrale für Tourismus –
An der Kreuzmühle 2
6740 Landau/Pfalz
Telefon 0 63 41 / 38 01 48

OST-WEST-GEFÄLLE

Das Altmühltal gehört zu den schönsten Naturparks Deutschlands. Es ist aber eine zweigeteilte Region, denn während der Westen seine natürliche Form erhalten hat, steht der östliche Teil ganz unter dem Einfluß des Rhein-Main-Donau-Kanals.

»Das dümmste Projekt seit dem Turmbau zu Babel«, so bezeichnete der ehemalige Bundesverkehrsminister Volker Hauff den Rhein-Main-Donau-Kanal. Die 55 Meter breite künstliche Wasserstraße soll in ein paar Jahren einen alten Traum erfüllen: die Nordsee und das Schwarze Meer zu verbinden.

Schon Karl der Große hatte mit der »Fossa Carolina«, dem Karls-Graben, einen ersten Versuch unternommen, Donauraum und Rhein-Main-Gebiet zu verknüpfen; König Ludwig I. von Bayern führte mit dem Ludwig-Kanal diesen Plan fort. Aber die vor rund 150 Jahren geschaffene Wasserrinne verlor angesichts des sich immer weiter ausbreitenden Eisenbahnnetzes

seine Bedeutung. Vor allem aber paßten die modernen Frachtschiffe nicht mehr in die schmale, mittelalterliche Rinne. Also legte man den Grundstein für ein drittes Projekt, für den Rhein-Main-Donau-Kanal. Daß diese Wasserstraße gleichzeitig eine der idyllischsten Landschaften Deutschlands zerstören würde, bedachte bei der Planung im Jahre 1921 wohl niemand. Mittlerweile ist eine sehr seltene Fauna und Flora bedroht, die ein Umdenken erfordert. Der Kanal soll so in das Altmühltal eingebunden werden, daß die Umweltschäden möglichst gering bleiben.

Von dieser bedrohten Idylle im Osten des Altmühltals bemerken wir überhaupt nichts, als wir uns weiter westlich dem größten Naturpark Deutschlands nähern. Rings um Gunzenhausen scheint die Welt noch in Ordnung zu sein, auch wenn hier die menschliche Hand gleichfalls in die Natur eingegriffen hat: Durch einen wasserwirtschaftlichen Ausgleich zwischen Nord- und Südbayern entstanden drei neue Seen. Die Bezeichnung »See« ist deswegen genaugenommen auch unzutreffend. In Wirklichkeit handelt es sich um große Ausgleichsbecken. Den vielen Seglern und Surfern ist

es einerlei, warum hier Wasser aufgestaut wurde. Sie haben einen neuen Tummelplatz gefunden, aus dem auch gleich Profit geschlagen wird. Damit wir unsere Motorräder abstellen können, um einen Blick auf den See zu werfen, müßten wir im Seezentrum Muhr gleich den Geldbeutel öffnen. Da bleiben wir doch lieber auf der Straße und fahren bei Theilenhofen in den Naturpark Altmühltal hinein.

Kurz vor Ellingen überqueren wir die B 2 und rollen auf der Schloßstraße vor das monumentale Deutschordensschloß. Der imposante Bau ist es wert, das Motorrad abzustellen, um ihn näher zu betrachten. Da trifft es sich gut, daß

Für Freizeit-Wassersportler ist die ruhig fließende Altmühl ein Paradies

gegenüber dem Schloß die hübsche Schloßgartenkneipe zu einer anschließenden Kaffeepause einlädt.

In Weissenburg, dessen Stadtmauer mit ihren 31 Türmen zu den besterhaltenen mittelalterlichen

Moto-Cross

In Neumarkt in der Oberpfalz, 17 Kilometer von der nördlichen Grenze des Naturparks Altmühltal entfernt, veranstaltet der MSC Neumarkt seinen Jura-Moto-Cross.

Entlang der als »Zwölf Apostel« bezeichneten weißen Dolomitfelsen zieht die Altmühl

Stadtbefestigungen gehört, verlassen wir die Hauptstraße, um wieder Kurs auf die Altmühl zu nehmen. Bei Bubenheim sind die Überreste eben jener »Fossa Carolina« zu betrachten, die als Vorläufer des Rhein-Main-Donau-Kanals gilt. Uns zieht es in die westlichste Ecke des Naturparks, entlang des Hahnenkamms, der allerdings nichts mit der weltberühmten Ski-Abfahrt zu tun hat. Schon auf den ersten Kilometern wird uns hier klar, warum das Altmühltal als Idylle gilt: Es ist eine bezaubernde Gegend, in der es mehr Wiesen als Dörfer gibt. Saftig grün wächst das Gras, dazwischen Schafgarben und Butterblumen als weiße und gelbe Tupfer. Weithin leuchten die purpurroten Blütenkerzen des Blutweiderichs. Ab und zu können wir sogar ein paar Erdorchideen wie das Knabenkraut entdecken. Die ganze Gegend ist ein riesiger Naßwiesenbereich. Kleine Bäche fließen zwischen den Wiesen hindurch und stauen sich zu Tümpeln auf, an deren Rändern sich das Wollgras im Wind wiegt. Bei jedem Schritt abseits der Straßen quietscht es unter den Motorradstiefeln. Die Ortschaften in diesem Winkel des Altmühltals sind klein, die wenigen Häuser alt. Einige sind mit Schindeln gedeckt, viele mit Ziegel. Im Laufe der Zeit wurden hier und da ein paar Ziegel ersetzt. Die unterschiedlichen Rottöne zeichnen ein hübsches Muster auf den Dächern.

Speedway

In Abensberg südlich von Kelheim werden internationale Speedwayrennen ausgetragen.

Veteranen-Treff

Alle 14 Tage treffen sich donnerstags Veteranenfreunde im einzigen Gasthaus von Bieberach nördlich von Beilngries.

Die Bewohner leben noch weitgehend von der Landwirtschaft. Kuhfladen, Strohhalme und Dungbrokken auf der Straße sprechen eine deutliche Sprache. Schon deswegen ist es nicht anzuraten, zwischen den Ortschaften die Fußrasten in den Kurven abzuschleifen. Unverhofft liegen ein paar rutschige Kuhfladen auf der Straße, und wenn dann noch einer der vielen Traktoren entgegenkommt, ist die Katastrophe programmiert. Die Gegend ist aber auch viel zu schön zum Rasen. Mit vollbepackten Straßenmaschinen hat man auf den kleinen Sträßchen schon Fahr-

spaß genug. Für Enduristen gibt es gar noch einen Geheimtip: Von Wolferstadt, sechs Kilometer nördlich von Wemding, führt ein Schotterweg über Zwerchstraß nach Möhren.

Mit unserem giftigen Zweitakter, der Fahrten auf losem Untergrund nicht gerade zum Vergnügen macht, schlagen wir den asphaltierten Weg über Weilheim und Rehau nach Treuchtlingen ein. Dort stoßen wir wieder auf die Altmühl, die noch immer still in ihrem Bachbett dahinfließt. Das dunkle, moorige Wasser scheint fast zu stehen, so schwach ist das Gefälle des Flusses. Für Unruhe auf dem Wasserspiegel sorgen nur die vielen Fische, die plötzlich aus dem dunklen Wasser emporspringen. Die Altmühl ist noch so sauber, daß sie einer der fischreichsten Wiesenflüsse Deutschlands ist.

Mit gemischten Gefühlen verlassen wir hinter Treuchtlingen die geliebten kleinen Straßen, die auf der Generalkarte in gelber Farbe eingezeichnet sind. Rot markierte Straßen verheißen in der Regel viel Verkehr. Das Altmühltal scheint aber zu jenen Ausnahmen zu gehören, die bekanntlich die Regel bestätigen. Viel Betrieb herrscht im Altmühltal nur neben der Straße: auf dem Fluß und dem weitverzweigten Netz der Radwege. Den Scharen von Radfahrern nach zu urteilen, die auf meist unbefestigten, aber markierten Wegen kräftig in die Pedale treten, muß hier wohl Deutschlands Radlerparadies sein.

Prunkvoll und majestätisch ist das Deutschordensschloß in Ellingen

Noch toller geht es auf dem Fluß selbst zu. Wie in riesigen Flottenverbänden treiben Kanus, Kajaks und Schlauchboote auf dem ruhigen Wasser. Stabile Flöße scheinen die richtige Plattform für feucht-fröhliche Wasser-Partys zu sein. Bei einem Halt am Straßenrand schwimmt unten auf dem Fluß ein Floß an uns vorbei, auf dem ein paar junge Leute mit lautem Gejohle kräftig beim Feiern sind. Die geringe Fließgeschwindigkeit der Altmühl läßt solch rauschende Partys ohne weiteres zu. Auch ungeübte Wassersportler werden hier vor keine Probleme gestellt, wenngleich hin und wieder kleine Stromschnellen auftreten, an denen sich sportlich Ambitionierte versuchen können.

In Pappenheim wendet sich der Fluß von der Altmühlstraße ab und umschließt in einem Bogen die Altstadt mit ihrem Augustiner-Kloster. Marion muß beim Anblick des Ortsschildes und der vielen Kanuten auf dem Fluß lachen. »Jetzt weiß ich, warum das Sprichwort ›Ich kenne meine Paddelheimer‹ heißt«, meint sie und grinst verschmitzt. Wir wollen gerade gemeinsam ansetzen, sie zu verbessern, als wir merken, daß sie die Redensart angesichts der vielen Paddler rings um Pappenheim absichtlich etwas abgewandelt hat.

Wenige Kilometer hinter Pappenheim fahren wir durch einen Ort, der durch einen spektakulären Fund weltweit bekannt ist: Solnho-

fen. Vor über hundert Jahren wurde hier im Plattenkalk das erste Exemplar des Archaeopteryx, des versteinerten Urvogels, gefunden. Rund 600 Tierarten wurden bislang in den gelblich-weißen Halden aufgespürt, die sich vor etwa 145 Millionen Jahren abgelagert haben.

Moto-Cross

Im südwestlichen Zipfel des Naturparks Altmühltal ist der MV Warching beheimatet, der internationale Moto-Cross-Rennen veranstaltet.

Dem ersten Archaeopteryx-Fund folgten drei weitere. Unsere Reisekasse mit einem fünften Fund in einem der für Sammler geöffneten Steinbrüche aufzubessern, scheidet aus: Im Bordwerkzeug ist kein Hammer zu finden, mit dem wir den Kalkplatten zu Leibe rücken könnten.

Wir bleiben auf der Straße, die hautnah dem Verlauf der Altmühl folgt. Das Flußbett liegt einen Meter unterhalb der Straße, getrennt durch ein Meer von kniehohen Brennesseln und wilden Sträuchern. Die Ufer sind überwuchert von dichtem Gras.

Auf der anderen Seite der Straße leuchten inmitten der grünen Landschaft die weißen Dolomitfelsen. Zwölf Klippen, die sich in einem leichten Bogen hintereinander gruppiert haben, tragen den Namen »Die Zwölf Apostel«. Die Dolomitwände mit ihren vielen Löchern und Nischen sind die idealen Behausungen für Höhlenbrüter wie Turmfalke, Waldohreule, Steinkauz und Uhu. Die meisten dieser Vögel sind aber Nachttiere, so daß wir tagsüber höchstens mal ein paar Falken zu Gesicht bekommen, die auf der Suche nach Beute über den goldgelben Feldern kreisen.

Eichstätt ist die letzte Station auf der rot markierten Altmühl-Straße, die als Jura-Hochstraße geradewegs nach Kinding zieht. Unterhalb der Willibaldsburg fahren wir

Der Blick von Schloß Prunn zeigt es deutlich: links gräbt sich der breite Kanal durchs Tal, rechts fließt die schmale Altmühl

durch das ehemalige Bistum, das seine kirchliche Vergangenheit noch heute durch eine Theologische Hochschule beweist. »Deshalb also der Zusatz ›Universitätsstadt‹ am Ortsschild«, meint Georg nach einem Blick in ein Fremdenverkehrsprospekt.

Die Willibaldsburg thront majestätisch am rechten Flußufer oberhalb der Altmühl. Der ehemalige bischöfliche Wohnsitz beherbergt heute das Juramuseum. Neben einem vier Meter langen versteinerten Krokodil ist dort das einzige vollständig erhaltene Skelett des Archaeopteryx im Original zu besichtigen.

Uns zieht es weiter entlang der Altmühl auf einer kleinen, gelb eingezeichneten Straße, auf der nun fast gar kein Verkehr mehr herrscht.

Auf beiden Seiten der Straße erstreckt sich eine prachtvolle Landschaft. Von den Hängen leuchten grau-weiße Kalkfelsen, umrahmt von uralten, säulenförmigen Wacholdersträuchern, bisweilen überwuchert von einem Halbtrockenrasen. Küchenschellen bilden einen lila Teppich inmitten der Heidelandschaft.

Die Steppenheiden bei Pfalzpaint und Arnsberg und die Wacholderheide bei Gungolding gehören zu den schönsten Flecken im Altmühltal. Einst standen hier dichte Wälder, die abgeholzt wurden und trocken fielen. Durch den Samenflug drohen diese alten Kulturflächen zuzuwachsen. Naturschützer sorgen durch Auslichten dafür, daß die Heideflächen erhalten bleiben. Wir genießen die Fahrt durch diese Heidelandschaft, denn der Wende-

punkt im Altmühltal rückt immer näher. In Kipfenberg und Kiding ist von der drohenden Nähe des Rhein-Main-Donau-Kanals noch nichts zu merken. In Beilngries sind dann aber die Zeichen unmißverständlich: Bagger sind am Werk, um eine breite, geradlinige Rinne auszuheben.

Das westlich von Beilngries gelegene Schloß Hirschberg war einst die Sommerresidenz der Fürstbischöfe von Eichstätt. Angesichts der Betonrinne, die sich heute durch das Altmühltal frißt und unterhalb des Hirschbergs nach Norden schwenkt, würde man den Sommersitz sicherlich in eine schönere Gegend verlegen.

Die Zukunft hat schon begonnen: In Kelheim sind die Wühlmäuse bei der Arbeit

Der Unterlauf der Altmühl bis nach Kelheim, wo der Fluß in die Donau mündet, ist ein einziges Trauerspiel. Noch wird es einige Jahre dauern, bis der Kanal fertiggestellt ist. Aber dort, wo die Altmühl noch fröhlich vor sich hin plätschert, stehen häßliche Bagger und Kräne in der Landschaft, die das Unheil ankündigen.

Holzbrücke, die über die Altmühl führt. Der Blick fällt aber auch hinüber auf die breit ausgebaute Schnellstraße und den dahinterliegenden Kanal. So nah liegen Landschaftszerstörung und ein romantisches Kleinod zusammen.

Die Ausmaße dieses Kanals werden erst aus der Vogelperspektive

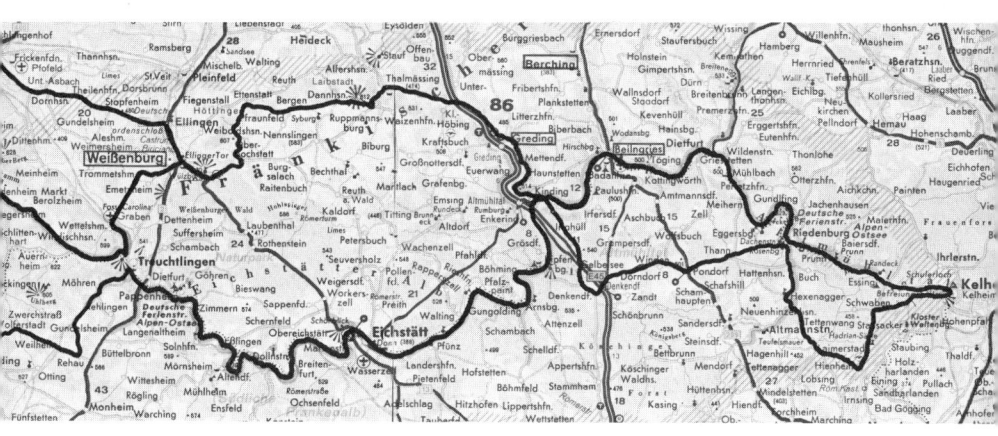

Wie trügerisch diese Idylle im östlichen Teil des Altmühltals ist, zeigt uns Essing. Die kleine Ortschaft, die unterhalb der grau-weißen Dolomitfelsen am Hang klebt, ist die Perle des Altmühltals. Wir sind fasziniert, als wir durch die enge, holprige Gasse rollen, die die beiden Häuserreihen zwischen Fluß und Berghang teilt. Ein bezaubernder Biergarten direkt am Ufer lädt uns zum Verweilen ein. Von dort fällt der Blick auf das Brucktor und die mittelalterliche

deutlich. Wir fahren hinauf nach Schloß Prunn, das hoch oben über dem Altmühltal auf einem steil abfallenden Felsen steht. Von hier oben werden die Dimensionen viel anschaulicher. Rechts sucht sich die schmale Altmühl zwischen bewaldeten Ufern in vielen Biegun-

Generalkarte
Blatt 19 und 20

gen ihren Weg, links zieht der dreimal so breite Kanal schnurgerade
durchs Tal. Ein tragisches Bild.
Wir bleiben eine Weile auf Schloß
Prunn, denn am frühen Morgen
sind wir noch unter uns. Am Nach-
bartisch wird ebenfalls Benzin ge-
redet: Vier Motorradfahrer sind auf
Frühschoppentour. »Erst nach elf
Uhr fallen hier die Touristen ein«,
meint die Bedienung, als sie uns
einen Kaffee serviert.
Selbst an einem touristisch so interessanten Ort wie Schloß Prunn
halten sich die Preise für Speisen
und Getränke noch im Rahmen.
Schon am Vorabend waren wir etwas abseits der Altmühl kopfschüttelnd über der Speisekarte geses-
sen. »Hier kostet der halbe Liter
Bier genauso viel wie anderswo ein
kleines Bier«, meint Georg. »Und
zu essen bekommst Du für den
Preis in anderen Gegenden schon
lange nichts mehr.«
Das Altmühltal ist touristisch noch
unverdorben, was sich vor allem in
den Preisen ausdrückt. Ob Essen,
Getränke oder Pensionszimmer –
das Altmühltal liegt in Deutschland
an der unteren Grenze. Der häßliche Kanal, der uns bis Kelheim
begleitet, trägt bestimmt nichts
dazu bei, daß sich an der geringen
Touristenzahl bald etwas ändert.
Im Gegenteil: wenn der Kanal erst
einmal fertig ist und dicke Schiffe
durch das Altmühltal schwimmen,
ist es mit der Idylle ganz vorbei.
In Kelheim, wo die Maulwürfe mit
besonderer Begeisterung bei der
Arbeit sind, halten wir uns deswegen auch gar nicht erst auf. Nicht
einmal die Befreiungshalle, die
rechts der Altmühl schon von weitem zu sehen ist, kann uns locken.
Selbst für den schmalen Platz, den
unsere Maschinen brauchen, sollen wir auf dem Parkplatz vor der
Halle berappen.
Uns zieht es mehr ins Hinterland
südlich der Altmühl, wo von Bag-
gern und Kränen nichts zu sehen

Hier nimmt das Bier seinen Anfang:
Hopfenanbau im südlichen Altmühltal

ist. Schmale Nebenstraßen schwingen sich durch den Heinheimer Forst. Felder säumen die Straße, auf denen die Hopfenstangen akkurat nebeneinander in den Himmel ragen. Wie mit dem Lineal gezogen, stecken sie im Erdboden. Mitten durch diese Felder zog einst der Limes. Auf der Karte ist die Mauer noch immer eingezeichnet, sogar quer über die Straße, auf der wir gerade fahren. Aber zwischen Laimerstadt und Tettenwang finden wir keinen einzigen Stein. »Da sucht ihr vergeblich«, klärt uns ein Bauer in Hexenagger auf, an den wir uns ratsuchend wenden. »Von dem Limes ist in dieser Ecke nichts mehr zu sehen. Da gibt es höchstens noch einen Feldweg, aber das wissen auch nur ein paar Einheimische, daß an dieser Stelle einmal der Limes verlief.«

Die kleinen Straßen abseits der Altmühl gefallen uns so gut, daß wir beschließen, noch ein wenig auf ihnen weiterzutouren. Von Kiding über Greding nach Höbin macht es besonderen Spaß, denn hier haben wir den Kontrast zwischen der Raserei auf der Autobahn und dem Fahrerlebnis abseits der breiten Betonpisten direkt vor Augen. Eine kleine Straße zieht durch diese Ortschaften, und es ist erfrischend, zwischen Feldern und dem Waldrand die Maschine in wechselndem Rhythmus in die langgezogenen Kurvenkombinationen zu kippen. Marion ist richtig begeistert. »Das macht Spaß, es hier laufen zu lassen.«

Links von uns haben wir immer die Autobahn im Blickfeld. Monoton rollt der Verkehr im Eiltempo über das breite Asphaltband. »Wenn die wüßten, wie herrlich es hier ist«, denke ich bei mir.

Am nördlichen Rand des Naturparks Altmühltal rollen wir dann dem Ende unserer Rundreise entgegen. Die kleinen Ortschaften zwischen Thalmässing und Ellingen haben sich ihren dörflichen Charakter erhalten, ohne von der Autobahn und dem weiter östlich verlaufenden Rhein-Main-Donau-Kanal berührt zu werden.

In der kleinen Gartenwirtschaft gegenüber dem Deutschordensschloß in Ellingen lassen wir die Tour ausklingen. Wie unterschiedlich das Altmühltal ist, haben wir im wahrsten Sinne des Wortes erfahren: Der Westen ist eine Idylle, der Osten todgeweiht.

Infos

**Fremdenverkehrsverband Franken e.V.
Am Plärrer 14
8500 Nürnberg 80
Telefon 0911 / 26 42 02**

**Tourist Information Naturpark Altmühltal
Landratsamt, Residenzplatz 1
8078 Eichstätt
Telefon 0 84 21 / 70-238**

**Naturpark Altmühltal e.V.
Postfach 380
8832 Weissenburg/Bayern
Telefon 0 91 41 / 9 02-238**

RANDZONE

Richtung Norden und dann nicht immer geradeaus, sondern bei Hamburg nach Osten schwenken, da liegt das Gebiet der Lauenburgischen Seen. Ein beschauliches, stilles Fleckchen im Zonenrandgebiet, das die industrielle Entwicklung fast völlig verschlafen hat. Zum Glück, denn hier wird noch Natur pur geboten.

»Sie befinden sich auf dem Gebiet der Deutschen Demokratischen Republik«, schallt die Stimme eines Grünuniformierten laut durch den Metallgitterzaun. »Ich fordere Sie auf, das Gebiet der Deutschen Demokratischen Republik unverzüglich zu verlassen.«
Marion schaut noch einen kurzen Augenblick hinüber zu dem kleinen Trupp, der sich jenseits des Zaunes versammelt hat, dann stapft sie achselzuckend die fünf Schritte bis zur Schranke zurück. »Ich weiß gar nicht, was die da drüben wollen«, meint sie und schüttelt dabei den Kopf. »Ich war doch noch ein ganzes Stück von dem schwarz-
rot-goldenen Pfahl entfernt.«
Den Pfahl in den drei Landesfarben hatten wir als Grenzmarkierung angesehen und uns deshalb ein paar Schritte vor die Schranke gewagt, die mitten in der Landschaft steht. Zunächst noch belustigt, dann doch mit etwas gemischten Gefühlen beobachteten wir den hektischen Umtrieb, der schon Sekunden später auf der anderen Seite der Grenze begann. Erst fuhr ein Mannschaftswagen mit zwei Soldaten vor, der wenig später wieder verschwand. Dann brauste in einer Staubwolke ein Jeep heran, aus dem vier oder fünf Soldaten der Nationalen Volksarmee sprangen. Ferngläser wurden auf uns gerichtet, Gewehre in Anschlag gebracht. Schließlich schallte die Aufforderung herüber, sofort das Gebiet der DDR zu verlassen. Das ganze in einer Lautstärke, als sei ein Megaphon im Einsatz. Aber die Stimme des Soldaten schien solche Einsätze gewohnt zu sein; jedenfalls kam er ohne technische Hilfe aus.
Von der Schranke aus beobachten wir noch eine ganze Weile die Menschenansammlung jenseits des Gitterzaunes. Wie Salzsäulen stehen die Soldaten an dem grünen Jeep, die Feldstecher noch im-

mer auf uns gerichtet. Wir schwingen uns wieder auf die Motorräder und fahren zurück zu dem kleinen Bauerndorf, wo wir das Schild »Zonengrenze 1 km« passiert hatten. Nicht weit vom Ort unserer deutsch-deutschen Begegnung treffen wir auf ein Fahrzeug des Bundesgrenzschutzes, das neben der Straße steht. Zwei Grenzschutzbeamte sitzen auf einer

eine erneute Begegnung mit der Nationalen Volksarmee sind wir eigentlich nicht besonders scharf. »Was Sie als Grenzmarkierung angesehen haben, das nennen wir ›Papageienpfahl‹«, meint der Grenzschutzbeamte schmunzelnd. »Das kommt wohl von seinem bunten Aussehen. Der Pfahl steht aber bereits deutlich auf DDR-Gebiet. Glauben Sie also nicht, Sie könn-

Holzbank unter einem schattenspendenden Baum, ihnen gegenüber der Beobachtungsturm der DDR-Grenzer.
Wir stellen die Motorräder ab, um uns nach dem genauen Verlauf der Grenze zu erkundigen. Denn die Straßen im Naturpark Lauenburgische Seen enden immer wieder plötzlich an der Grenze. Und auf

Weite grüne Flächen bestimmen das Bild im Naturpark Lauenburgische Seen

ten problemlos bis dorthin laufen. Das kann mitunter ziemlich unangenehm werden«, setzt er mahnend hinzu.
»Was Sie da unten am Gebüsch sehen, diese weißen Pfähle mit

dem roten Ring oder den Tafeln »Halt! Hier Grenze«, das ist der genaue Grenzverlauf«, erklärt er. »Manchmal sind auch noch ein paar Meter hinter diesen Pfählen bundesdeutsches Gebiet. Dann fließt hinter den Pfählen ein Bach, dessen Mitte die Grenze bildet.« Gut informiert können wir unseren Weg fortsetzen. Die weißen Schilder betrachten wir jetzt mit dem

Bergkuppe stehen und den Traktoren jenseits der häßlichen Demarkationslinie beim Abtransport des gemähten Grases zuschauen, können wir uns über die Bezeichnung »Lüneburger Berg« nur wundern. Für Süddeutsche, die ganz gerne mal eine kurvenreiche Bergstrecke unter die Räder nehmen, ist dieser »Berg« allenfalls ein Hügelchen. Aber immerhin: In einem

notwendigen Respekt, das Gebiet dahinter ist für uns tabu. Was hinter dem doppelten Metallgitterzaun abläuft, betrachten wir nur noch aus der Ferne.

Zwischen Goldsee und Kittlitz geht es hinauf auf den Lüneburger Berg, von wo sich ein guter Blick hinüber nach Ostdeutschland bietet. Als wir am Straßenrand auf der

Alle Straße in östliche Richtung enden schon bald an der Zonengrenze

Motorrad-Treff

Das Wahrzeichen von Lübeck, das Holstentor, das die Rückseite des Fünfzig-Mark-Scheins ziert, ist Treffpunkt für Motorradfahrer.

Landstrich, wo man angeblich mittwochs schon weiß, wer sonntags zu Besuch kommt, ist eine Erhebung von 79 Meter schon etwas Besonderes.

Das Gebiet rund um die Lauenburgischen Seen gehört aber ohnehin nicht zu den topfebenen Landschaften, wie sie weiter westlich und nördlich die Regel sind. Spektakuläre Anstiege und Abfahrten wird man zwar vergeblich suchen. Aber die vielen kleinen Berge und Höhen zwischen 60 und 80 Meter geben der Landschaft einen hügeligen Charakter. Immer wieder fahren wir leichte Anhöhen empor, lassen es gemächlich bergab rollen oder treffen auf Straßen, die ein ständiges wellenförmiges Auf und Ab sind.

Der Naturpark Lauenburgische Seen ist auch kein Revier, um zu heizen oder Kilometer zu sammeln. Mit einer Gesamtfläche von 444 Quadratkilometer ist er dazu viel zu klein. Er ist ein beschauliches, ungestörtes Stück Natur, das zum Motorradwandern einlädt. Einen Gang zurückschalten, den Gashahn etwas schließen und hin und wieder einmal eine Pause ein-

Moto-Cross

Der Motor-Sport-Club aus der Eulenspiegel-Stadt Mölln veranstaltet den DMV-Moto-Cross »Grambeker Heidering«, ein Lauf um den OMK-Moto-Cross-Pokal Gruppe Nord.

Motorrad-Museum

In Tremsbüttel, etwa 35 Kilometer westlich von Lübeck nahe Bargteheide, befindet sich das Automuseum Hillers. Außer vierrädrigen gibt es dort auch zweirädrige Veteranen zu bestaunen.

legen, so erfahren wir – im wahrsten Sinne des Wortes – den Naturpark von seiner schönsten Seite.

Die wirtschaftliche Entwicklung der übrigen Bundesrepublik hat der kleine Landstrich zwischen Lübeck und Lüneburg verschlafen. Rauchende Industrieschlote und überdimensionale Fabrikhallen suchen wir vergebens. So weit das Auge reicht, sind nur Wasser, Wälder und Felder auszumachen. Anders hätte sich die intakte Tier- und Pflanzenwelt, die in Deutschland ihresgleichen sucht, auch kaum erhalten können. Hier gibt es noch Schirmkiefer und Sumpfenzian, Fischadler und Kranich.

Schmale Sträßchen ziehen durch den Naturpark, die trotz des geringen Verkehrs nicht ganz ungefährlich sind. Gras und Unkraut schießen am Wegrand in die Höhe, so daß uns häufig der Blick um die Kurve verdeckt ist.

Die Felder beidseits der Straße bilden die für Norddeutschland so typische Knicklandschaft. Sie hören nicht irgendwo an einem Waldrand oder Seeufer plötzlich auf, sondern sind von Erdwällen eingefriedet, die mit Büschen bepflanzt sind. Weit mehr als die Hälfte des Naturparks wird landschaftlich genutzt, was sich auch in den vielen winzigen Ortschaften wie Niendorf, Vogtstemmen oder Kehrsen widerspiegelt. Wenn wir durch die holprigen Straßen fahren, dringt der Geruch von Kuhställen und getrocknetem Gras durchs offene Visier. Die grobstolligen Traktorreifen haben sich der Lehmbrocken von den Feldern entledigt, was die Fahrerei hin und wieder etwas rutschig macht.

Die Ortschaften bieten ein einheitliches Bild: reetgedeckte Häuser aus roten Ziegelsteinen, betagte Scheunen und Ställe mit verwitterten Holztüren und dazwischen ein paar Fachwerkhäuser. Die breiten Fensterrahmen und Türen sind grün oder braun gestrichen, die Fenster mit kunstvollen Spitzengardinchen geschmückt. Die weißen Fugen zwischen den tiefroten Ziegelsteinen leuchten in der Sonne.

Die landläufige Meinung, daß eine Ortschaft zumindest aus einem Wirtshaus, einer Kirche und ein paar Häusern besteht, wird rund um die 35 Seen offensichtlich nicht immer geteilt. Mitunter sind die Ansiedlungen so klein, daß weder eine Kirchturmspitze zwischen den Höfen emporragt noch irgendwo ein Wirtshausschild auszumachen ist.

Die Eulenspiegelstadt Mölln an der Alten Salzstraße

Ganz versteckt liegen diese winzigen Dörfer inmitten des lauenburgischen Hügellandes, das durchsetzt ist mit kleinen verschilften Teichen und großen Seen. Die Badesachen bleiben aber im Tankrucksack, denn von der Straße aus ist kaum ein Zugang zum Wasser geschweige denn ein Sandstrand zu finden. »Das würde mir schön stinken, hier neben der Straße im Gras zu liegen«, meint Marion. Wo das Seeufer durch dichte Erlenbruchwälder oder vorgelagerte Schilf- und Strauchzonen versperrt ist, haben sich die Sonnenanbeter einfach neben der Straße auf dem schmalen Wiesenstreifen einen Platz gesucht. Keine zehn Meter vom fließenden Verkehr entfernt liegen sie im Gras.

Die vielen Stege, die uns von der Straße aus immer wieder auffallen, sind im Privatbesitz. Die Häuser sind bis fast ans Ufer gebaut, aus dem Garten ragt der Steg in den See hinein. Um doch noch zum Badespaß zu kommen, müssen wir nach Salem und Seedorf fahren. Die beiden kleinen Orte sind die Zentren des Naturparks, was am gesteigerten Touristenaufkommen deutlich wird. Vor allem für Urlauber aus Hamburg und Berlin scheint das Gebiet der Lauenbur-

Auf solch einsamen Alleen macht es Spaß, durch das Seengebiet zu bummeln

Klinkersteine mit weißen Fugen, Reet-dächer und bunte Türen und Fenster-läden sind typisch für die nordöstliche Randzone

gischen Seen ein Geheimtip zu sein. Autos mit entsprechenden Kennzeichen finden wir zuhauf, und die wenigen Motorradfahrer, die unseren Weg kreuzen, fahren meist mit dem »Hummel-Hum-mel«-Zeichen.

Auf Wochenendgäste scheinen die Pensionen und Hotels daher auch nicht angewiesen zu sein. »Ein Zimmer für eine Nacht? Haben wir nicht!« müssen wir uns mehrfach sagen lassen, als wir nach einer Übernachtungsmöglichkeit fragen. Ausweichmöglichkeiten sind nur die Ruderstadt Ratzeburg und Mölln, die Heimat Till Eulenspie-gels.

Die vielgerühmte Insellage der Alt-stadt von Ratzeburg mitten im gleichnamigen See wird wohl nur aus der Luft deutlich. Als wir mit den Motorrädern quer durch die Stadt rollen, registrieren wir mehr den Lärm und den dichten Verkehr, ein herber Kontrast zur Stille und Einsamkeit im übrigen Seengebiet. Nicht anders ergeht es uns in Mölln, wo wir ein besonderes Ziel im Visier haben: die St. Nicolai-Kir-

Trial

25 Kilometer südlich von Lauenburg liegt Lüneburg, wo gleich zwei Vereine im Trial-Sport aktiv sind. Der ADAC-OC Lüneburg veranstaltet das ADAC-Trial Lüneburg, der Motorrad-Club Eb-storf das Hellkuhlenberg-Trial.

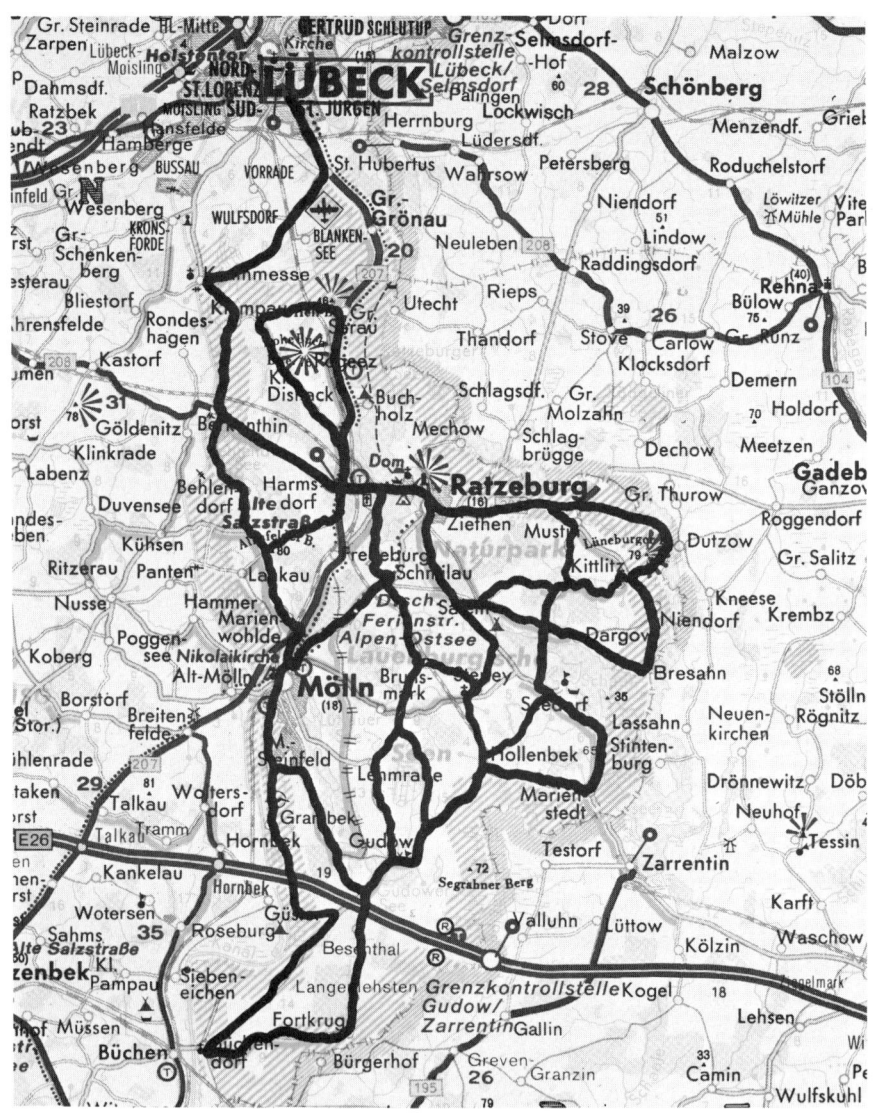

che. Der Legende nach soll hier der Schalk Till Eulenspiegel begraben sein, und zwar stehend. In der Nähe der Kirche stellen wir die Maschinen ab, um das Denkmal Eulenspiegels an der Kirchenmauer zu suchen. Schließlich wollen wir alle mal den Daumen Till Eulenspiegels reiben, was Glück bringen soll.

Eigentlich hatten wir in Mölln auch noch die alte Salzstraße auf dem

Generalkarte

Blatt 2 und 5

Programm. *Der historische Handelsweg, auf dem einst das »weiße Gold« von Lüneburg zum Ostseehafen nach Lübeck transportiert wurde, mußte aber längst der modernen Verkehrsplanung weichen. Nur wenige Abschnitte des Originalpflasters sind noch vorhanden, und die stehen nur Fußgängern und Radfahrern offen. Große Teile der Strecke sind heute durch die breit ausgebauten Bundesstraßen 207 und 209 ersetzt. Enttäuscht machen wir uns wieder auf den Weg ins Seengebiet.*

Ursprünglich hatte diese Seenplatte einmal eine ganz andere Form, denn nicht immer spannte sich quer durch das Wasser des Schaalsees ein Metallzaun, der die Grenze zur DDR markiert. Im November 1945 vereinbarten Russen und Engländer einen Austausch von Grenzgebieten. Innerhalb von drei Tagen wurde die Bevölkerung evakuiert. Das östliche Ufer des Schaalsees mit den Gemeinden Dechow, Thurow und Lassahn fiel damals an Mecklenburg, das Gebiet nördlich Ratzeburgs an das Herzogtum Lauenburg.

Uns haben es bei der Tour durch den Naturpark vor allem die östlichen Ausläufer entlang des Schaalsees angetan. Wir rollen durch bezaubernde Alleen mit mächtigen Buchen, deren Baumwipfel ineinandergewachsen sind und ein Dach über der Straße bilden. Schafgarben wachsen am Straßenrand zwischen den Baumstämmen, dahinter erstrecken sich weite Felder mit Gerste. Die Halme wiegen sich leicht im Wind, den wir beim Fahren recht angenehm verspüren. So wird die Hitze erträglich.

Abends dann fordern Hitze und das Wasser der vielen Seen ihren Tribut: Stechmücken sind auf der Suche nach ein paar Tropfen Blut. »In manchen Sommern kann das schon fast zur Plage werden«, meint der Ober, der uns in einem Gartenlokal frische Maränen aus dem Schaalsee serviert. »Aber die beste Zeit ist hier ohnehin im Frühjahr und Herbst. Da ist hier fast nichts los, denn die ganzen Touristen kommen erst, wenn es richtig warm ist.«

Im Frühjahr und Herbst wird man dann wohl die Auto- und Motorradfahrer mit der Lupe suchen müssen. Wir haben nämlich schon im Sommer den Eindruck gewonnen, wir hätten uns in eine Ecke verirrt, wo Verkehr ein Fremdwort ist.

Infos

Gebietsausschuß
»Die Alte Salzstraße«
Kurhaus
2418 Ratzeburg
Telefon 04541 / 12480 und 12483

IM SCHATTEN DER BURG

Der Nürburgring mit der über 700 Jahre alten Nürburg ist für jeden Motorsportfreund das Zentrum der Eifel. Sehenswert sind aber auch die ausgedehnten Feld- und Waldgebiete rund um den Ring, die eine ganze Menge Fahrspaß versprechen.

Es begann am 18. Juni 1927: 110 Motorräder starteten zum ersten Rennen auf dem Nürburgring. Weniger als die Hälfte von ihnen sahen die Zielflagge. Als Tagesschnellster und erster Ring-Sieger ging Toni Bauhofer auf einer BMW in die Nürburgring-Annalen ein. Nur einen Tag später bestritten die Renn- und Sportwagen ihr Auftaktrennen. Einer der Mercedes-Kompressor-Renner ging als erster durchs Ziel. Am Steuer ein noch junger Mann, der Weltruhm erlangen sollte: Rudolf Caracciola. 28,265 Kilometer war diese Strecke, mit 174 Kurven und den vielen Hügeln die größte »Achterbahn« der Welt. Als Grand-Prix-Strecke blieb sie einzigartig.

Je schneller aber die Autos und Motorräder wurden, desto lauter wurde die Kritik am Ring. Die Hügel wirkten wie Sprungschanzen, die Sicherheit war nicht mehr gewährleistet. Am 1. August 1976, fast fünfzig Jahre nach dem ersten Start, wurde dem alten Ring der Todesstoß versetzt: Niki Lauda raste beim Großen Preis von Deutschland in seinem Ferrari in die Fangzäune und verbrannte fast.

Die Autorennfahrer mieden von da an die Strecke, die Motorradpiloten kamen noch bis 1980 zu Weltmeisterschaftsläufen an den Ring. Allerdings mit gemischten Gefühlen. Der Amerikaner Randy Mamola bekannte, er habe »an mindestens drei Stellen die Hosen voll«, der mehrfache Weltmeister Kork Ballington betrachtete es als »kriminelles Delikt«, auf dem alten Ring einen Halbliter-Grand-Prix auszutragen.

Die Folge: die Südschleife mußte einem neuen Ring weichen. Acht Jahre nach Niki Laudas Unfall wurde er eingeweiht. Eine 4,5 Kilometer lange Rennstrecke, die auf dem Reißbrett entstand und nie den Charakter des alten Rings haben wird. »Phantasielos« bezeichnete sie der Finne Keke Rosberg,

»steril« der Gespann-Champion
Rolf Biland.

Die guten alten Zeiten wollte man
aber in einer Gegend, die fast völlig
vom Renngeschehen lebt, nicht so
einfach begraben. Noch immer
dröhnen in der Fuchsröhre und an
der Hohen Acht die Motoren. Fahr-
zeug- und Zubehörhersteller testen auf der Nordschleife ihre Produkte, brave Familienväter werden
für eine Runde zu Freddie Flitz,
wenn sie als verkappte Rennfahrer
um den Ring düsen. Gegen einen
entsprechenden Obolus darf jeder
durch das Kurvenlabyrinth jagen.

Wir stehen in der Nähe des kleinen
Dorfes Meuspath am Rande der
Bundesstraße und beobachten
durch den Maschendraht die Frei-
zeit-Rennfahrer. Tief geduckt kommen sie die Gerade herunterge-

Alle Wege in der Eifel führen zum Ring

Moto-Cross

In Freilingen am Rande des Ahr-Gebir-
ges werden auf dem dortigen Moto-
Cross-Gelände Rennen zur Deutschen
Meisterschaft ausgetragen.

Motorrad-Kunst-Café

Motorräder aus Gips und Stahl gibt es
im Mendiger Caféhaus in der Bahnhof-
straße 31 zu bewundern. Sogar einen
Nürburgring en miniature hat der
Künstler Peter Mittler dort geschaffen.

Bergrennen

Zur Deutschen Automobil-Berg-Tro-
phäe zählt der »Säubrenner-Berg-
preis«, den der AMC Wittlich am Süd-
rand der Eifel veranstaltet.

donnert, die genau parallel zur Bundesstraße verläuft.

Es ist Sonntag, ein Zeitpunkt, an dem auf der alten Nordschleife alles unterwegs ist, was zwei oder vier Räder hat: vollbepackte Tourenmaschinen mit ausländischem Kennzeichen, Möchtegern-Rennfahrer mit qualmenden Zweitaktern und ein paar Zweiradpiloten, die auch der Sozia einmal Nürburgring-Feeling vermitteln wollen. In den Pulk mischen sich Autos jeder Couleur: Ein paar Heißsporne in aufgemotzten Wagen fahren wohl mit Bleifuß, ein altes Väterchen mit Hut in einem ebenso betagten Auto bevorzugt Bummeltempo.

Das Wochenende ist nicht gerade

Fahrspaß auf der alten Nordschleife: Für ein kleines Entgelt darf jeder mal Rennfeeling erfahren

ideal für eine erste Bekanntschaft mit dem Ring. So schön wie er landschaftlich gelegen ist, so schwierig ist er auch zu fahren. Und inmitten eines Pulks von Fahrzeugen ist nun mal die Möglichkeit, von einem Pseudo-Rennfahrer abgeschossen zu werden, ungleich größer.

Unter der Woche hat man die alte Nordschleife manchmal fast für sich alleine. Dann läßt es sich auch auf den vielen kleinen Eifel-Sträßchen rund um den Ring viel besser touren. Von den Autofahrern, die an den Wochenenden mit der Familie ins Grüne fahren, ist werktags nichts zu sehen.

Es gibt faszinierende Straßen in der Eifel, die eine ganze Menge Fahrspaß bieten. Zum Motorradwandern sind sie ideal, was nicht

heißt, daß man die Eifel im Bummeltempo erforschen soll. Aber Ring ist Ring, und die öffentliche Straße ist nun mal keine Rennstrecke. Nach ein paar Ring-Runden legt man deswegen am besten erst einmal eine Kaffeepause am Moto-Treff in Adenau ein, um bei Benzingesprächen die Schräglagenorgien zu verarbeiten und sich für den normalen Straßenverkehr zu akklimatisieren. Dann geht's mit gedrosselter Gasschieberstellung hinaus in die Eifel.

Der Herbst ist wohl in dieser Gegend die beste Reisezeit. Dann haben sich die weitläufigen Laubwäl-

Unter der Woche ist man auf den Eifelstraßen fast alleine

der an den Hängen bunt gefärbt und bieten eine malerische Kulisse. Von Alf an der Mosel hinauf nach Bad Bertrich und weiter nach Kennfus führt eine kleine Straße durch diese herrlichen, bunten Laubwälder. Links neben der Straße strudelt der Ueßbach, der an seinen Ufern von wilden Sträuchern überwuchert ist. Flüssige Kurvenkombinationen wechseln sich mit engen Kurven ab. »In dieser Landschaft macht das Fahren gleich doppelt so viel Spaß«, meint Georg bei einer kurzen Rast begeistert.

Motorrad-Treff

In Machtemesmühle nahe der luxemburgischen Grenze ist ein Treffpunkt für Motorradfahrer.

Motorsport-Gastronomie

Beim Nett-Wirt in Drees in der Dorfstraße treffen sich schon seit 30 Jahren die Motorradfahrer, und das nicht nur während der Renntermine.

Geländefahrt

Schon seit Jahren veranstaltet der ADAC Mittelrhein für Motorradfahrer die Geländefahrt Kempenich.

Auf den Hochebenen oberhalb der Waldgebiete hat sich die Landwirtschaft breit gemacht. Neben der Straße erstrecken sich Felder, soweit das Auge schauen kann. Blökende Schafherden grasen das wenige Grün ab, das noch auf den Wiesen steht.

Von Lutzerath nach Großlittgen fällt die Landschaft allmählich um 200 Meter ab, dann geht es auf der Grünen Straße Eifel – Ardennen wieder hinauf nach Manderscheid. In vielen Kehren schraubt sich die Straße in die Höhe. »Die sind innen ganz schön eng«, denke ich mir, als ich wieder in den ersten Gang herunterschalten muß, um den Innenbogen der ansteigenden Kurve zu schaffen.

Wer im August in dieser Gegend unterwegs ist und seinen Gaumen mit frisch gegrilltem Schweine-Spießbraten verwöhnen will, muß sich noch ein Stückchen weiter südlich nach Wittlich orientieren. Im Mittelalter nahm man es hier einmal während einer Friedenszeit mit den Torwachen nicht so genau. Da zudem noch der Riegel des Stadttores eingerostet war, steckte man kurzerhand eine Rübe als Riegel ans Stadttor. Die fand nun wiederum ein Schwein so schmackhaft, daß es die Rübe auffraß. Plötzlich stand das Stadttor offen, und die Wittlicher wurden überfallen. Zur Strafe wurden alle Schweine in der Stadt verbrannt. Seitdem feiert man in Wittlich jedes Jahr die »Säubrenner-Kirmes«, bei der es eine ganze Menge leckeren Schweine-Spießbraten gibt. Für den Spießbraten-Genuß sind wir leider ein wenig zu spät im Jahr unterwegs, so daß wir ersatzweise in Manderscheid einen kleinen Abstecher nach Niedermanderscheid

Motorrad-Fachzeitschrift

In Nürburgringnähe erscheint die Fachzeitschrift »Tourenfahrer« von Reiner H. Nitschke. Der Redaktionssitz ist in Dümpelfeld sieben Kilometer nördlich von Adenau.

Rennstrecke für Straßen-WM

Auf dem Nürburgring werden das ganze Jahr über zahlreiche Straßenrennen für Autos und Motorräder durchgeführt. Neben nationalen Prädikatsläufen finden auch Europameisterschafts- und Weltmeisterschaftsläufe statt.

machine. Dort erhebt sich die romantische Ruine der Niederburg, die vom Eifelverein restauriert wurde. Die mitten im Wald auf ei-

nem schroffen Felsen gelegene Burg ist die kleine Extratour schon wert.

Überhaupt ist diese Straße, die von Manderscheid nach Daun durch die hügelige Vulkaneifel führt, für ein paar »Seitensprünge« wie geschaffen. Von Bleckhausen windet sich eine schmale Straße in vielen Kehren und Schleifen quer durch den Wald hinunter nach Schutz. Diese Strecke ist die ideale Fortsetzung der Kurvenhascherei hinauf nach Manderscheid.

In Übersedorf trifft die Nebenstrecke wieder auf die Grüne Straße, aber ein paar Meter weiter geht's erneut auf einen Seitenweg. In Brokscheid gibt es eine Sehens-

Von dichten Wäldern umgeben, ziehen schmale Sträßchen durch die hüglige Eifel

würdigkeit, die auf der Generalkarte ganz klein eingezeichnet ist:
die Eifeler Glockengießerei, die
hier seit 1840 betrieben wird. Wer
unter der Woche kommt, hat vielleicht sogar einmal das Glück zu
beobachten, wie das glühende,
flüssige Metall in die Lehmform
schießt, in der die Glocke entsteht.
Ein kleines Stückchen weiter nördlich, kurz vor Daun, stoßen wir auf
jene geheimnisvollen, fast be-
fremdlich wirkenden Wasser-
löcher, die Zeuge der vulkanischen
Vergangenheit dieser Landschaft
sind. 55 Vulkane gab es in der
Eifel, von denen die letzten vor
10 000 Jahren erloschen sind. Bei
ihren Ausbrüchen wurden riesige
Mengen von Sand und Gestein an
die Erdoberfläche geschleudert.
Als die Vulkane verstummten,
sammelte sich in den Bergtrichtern
nach und nach das Wasser. So
entstanden die Maare, die bis zu
75 Meter tief sind.
Zwei der bekanntesten Kraterseen
liegen gerade einen Steinwurf voneinander entfernt: das Totenmaar
und das Schalkenmehrener Maar.
Auf dem Kamm ihrer beiden steil
ansteigenden Ufer schlängelt sich
die Deutsche Wildstraße hindurch.
Das größte Eifelmaar, das aus einem Doppelkrater entstanden ist,
liegt weiter östlich: der Laacher
See. Auch dahin führt uns unser
Weg, denn es ist schon fast eine
Pflichtaufgabe, die Benediktinerabtei Maria Laach zu besichtigen.
Hier wird romanische Baukunst in
Vollendung geboten.

Aber es geht uns wie schon so oft:
das Geschäft mit dem Glauben
scheint ein Huhn zu sein, das gol-
dene Eier legt. Nirgendwo sonst in
der Eifel treffen wir auf solche Tou-
ristenströme wie hier am Kloster.
Schon der überdimensionale Parkplatz, belegt mit Hunderten von
Autos, spricht Bände. Da gibt es
nur eines: sofort umdrehen und
wieder auf die andere Seite der
Autobahn fahren.
In Mayen ist ebenfalls ein sakrales
Bauwerk zu bewundern, das vielleicht nicht ganz so bekannt ist wie
Maria Laach. Dafür ist die
Clemenskirche sagenumwoben.
Wir stehen unterhalb des Kirchtur-
mes und blicken zum Himmel. Kein

Trial

*In der Nähe von Andernach veranstal-
ten die Motorradfreunde Olbrück den
Trial-Wettbewerb »Hannebacher Ley«,
der zur Norddeutschen Trial-Meisterschaft zählt.*

Motorrad-Treff

*Ganz Adenau ist ein Motorradtreff. Vor
allem aber in der Snack-Bude an der
Einfahrt zum Ring versammeln sich
die Motorradfahrer zu Benzingesprächen.*

Moto-Cross

*In Reil gehen die Moto-Crosser zum
Rennen »Auf dem heißen Stein« an
den Start. Die Strecke ist für Läufe zur
Deutschen Meisterschaft tauglich.*

Zweifel: der Turm hat einen Knick. Die schiefen Linien der achtseitigen, schiefergedeckten Spitze sind nicht zu übersehen.

Der Teufel habe diesen Knick auf dem Gewissen, so berichtet die Sage. Er hatte den Stadtvätern von Mayen im 14. Jahrhundert die Zusage abgerungen, daß sie statt einer Kirche ein Wirtshaus bauen würden. Dafür bekamen sie eine Finanzspritze. Die Mayener hielten sich aber nicht an die Abmachung. Sie verwandten das Geld zum Bau einer Kirche. Zornentbrannt hängte sich der Satan an die Kirchturmspitze und versuchte, das Gotteshaus zum Einsturz zu bringen. Wie weit seine Kraft reichte, ist heute noch zu sehen.

Nach solch einem »Kraftakt« wollen wir noch ein bißchen touren. Von Mayen aus geht es über Kempenich in Richtung Norden. Die Generalkarte verspricht nicht zu viel. Das schmale Sträßchen, das kurz vor Cassel die alte Römerstraße kreuzt, ist so ganz nach unserem Geschmack. Kurvenreich schlängelt es sich durch die Hochebene, bis es in Bad Neuenahr auf die Ahr trifft. Entlang des Flusses führt uns die Tour durch die Eifel weiter. Reben über Reben wachsen oberhalb der Straße. Aus den blauen Trauben wird ein süffiger Rotwein gekeltert. Ahrwein ist in erster Linie Rotwein, denn hier ist Deutschlands größtes geschlossenes Rotwein-Anbaugebiet.

Nur mit Mühe können wir der Verlockung widerstehen, schon am frühen Nachmittag in einem der einladenden Winzerkeller hängenzubleiben. Nicht einmal zu einem kleinen Schlückchen lassen wir uns überreden, und schon gar nicht in der »Alten Post« in Altenahr. Dort hat man nämlich 70 Ahr-Weine im Ausschank. Da würde es angesichts dieses verlockenden Angebots bestimmt nicht bei einem einzigen Schlückchen bleiben.

Motorsport-Gastronomie

Rennatmosphäre und kulinarische Genüsse mischen sich in der »Blauen Ecke« in Adenau. Prominente Rennfahrer lassen sich hier gerne eine köstliche Mahlzeit schmecken.

Motorrad-Museum

Am Nürburgring gibt es nicht nur pakkende Rennen zu sehen. Im Rennsport-Museum kann man die großen Siege von einst noch einmal Revue passieren lassen.

Rennstrecke für jedermann

Der Nürburgring steht sowohl an Werktagen als auch am Wochenende für den Publikumsverkehr zur Verfügung. Soweit keine Veranstaltungen oder Testfahrten der Industrie stattfinden, kann jeder über die Nordschleife und den neuen Ring brausen. Kontakt: Telefon 02691/2031.

Wir widmen uns lieber den romantischen Winzerdörfern entlang der Ahr mit ihren wunderschönen Fachwerkhäusern. Kleine, winklige Gäßchen führen zwischen den alten Bauwerken hindurch, die wir besser zu Fuß erkunden. Etwas Bewegung nach dem stundenlangen Touren kann schließlich nie schaden.

zuzuschauen oder die Greifvögel zu beobachten, die auf der Suche nach Beute über die Felder kreisen.

Hinunter nach Adenau gibt es eine

Das Gemündener Maar – einer der geheimnisvollen Kraterseen der Vulkaneifel

In Altenahr, dem tausendjährigen Winzerdorf, das in einem imposanten Felskessel liegt, wenden wir uns vom Lauf der Ahr ab und folgen dem Sahrbach nach Westen. Wieder sind wir auf einer dieser faszinierenden Nebenstraßen, die sich in Kurven und Kehren durch die Eifel windet. Hier macht es einfach Spaß, einen Gang zurückzuschalten, die farbenprächtigen Mischwälder zu bewundern, den Schafherden bei ihrer Wanderung

ganze Menge dieser Sträßchen. Von Willerscheid nach Harscheid etwa, von Reckerscheid nach Rupperath oder von Wershofen nach Reifferscheid. Sie alle sind kurvenreich, ein wenig verträumt und zie-

Motorsport-Gastronomie

Die Pistenklause in Nürburg zählt zu den absoluten Insider-Treffs. Die Stars der Zwei- und Vierradszene feiern hier ihre Siege oder ertränken ihre Niederlagen.

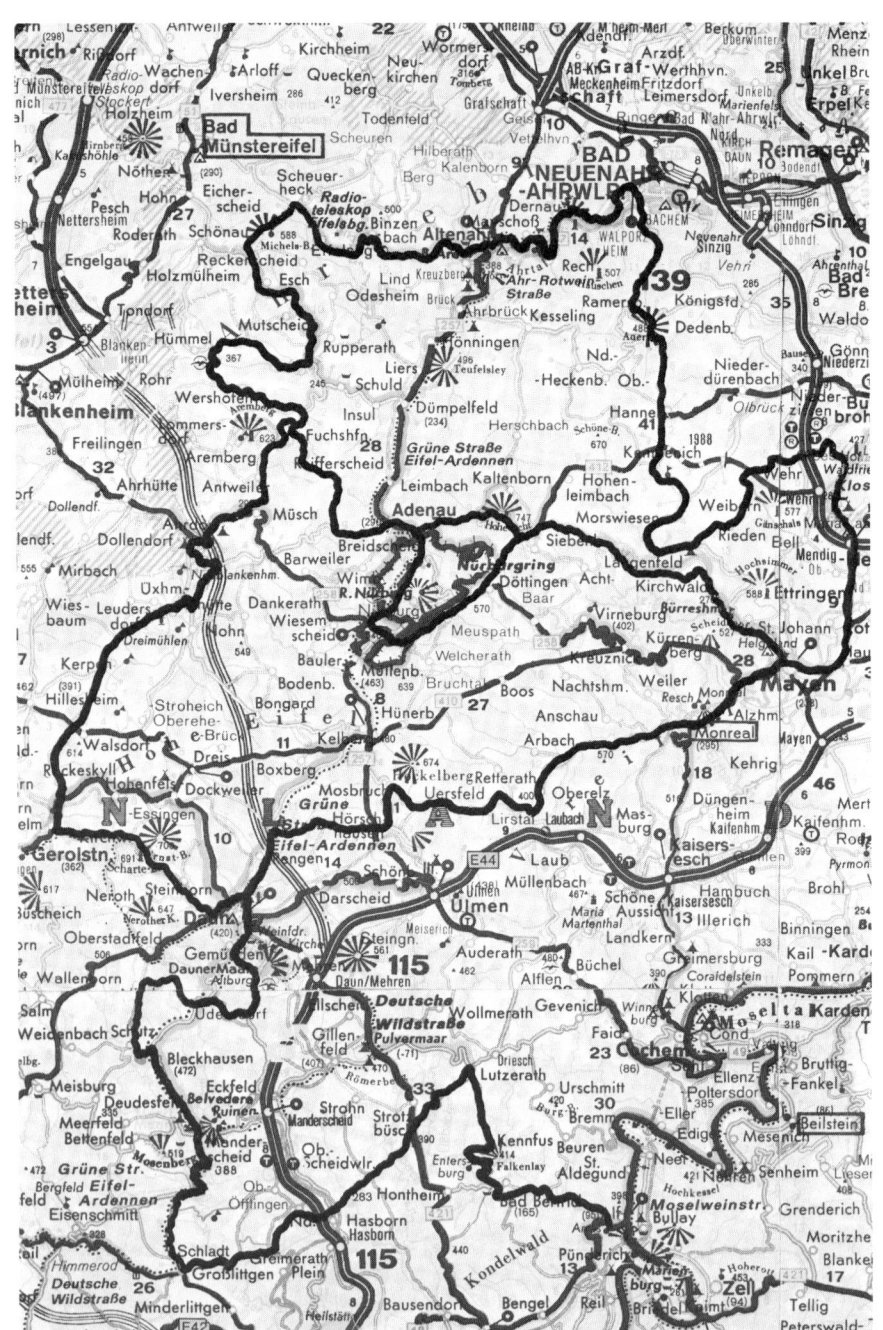

Bergrennen

In der Nähe von Daun gibt es noch ein Bergrennen für Motorradfahrer. Der Rassweiler MSC veranstaltet in Niederstadtfeld das Risselbergrennen.

Generalkarte

Blatt 12

hen durch eine bezaubernde Landschaft.
Viele Wege führen bekanntlich nach Rom. Für die Eifel gilt das im übertragenen Sinne: Viele, ja fast alle Wege führen zum Ring. Auch wenn er nicht geographischer Mittelpunkt der Eifel ist, so ist er zumindest der wirtschaftliche. Womit nicht gemeint ist, daß es hier die besten Kneipen der ganzen Eifel gibt. Aber selbst beim Essen kann man rund um den Nürburgring etwas Rennatmosphäre schnuppern. Beim Nett-Wirt in Drees beispiels-

weise, in der Pistenklause in Nürburg oder in der Blauen Ecke in Adenau. Vielleicht läßt man dann die Tour bei einem Gläschen Moselwein just an jenem Tisch ausklingen, an dem einst Stirling Moss oder John Surtees ihre Grand Prix-Siege feierten.

Infos

Landesfremdenverkehrsverband Rheinland e.V.
Rheinallee 69
5300 Bonn 2
Telefon 02 28 / 36 29 21 und 36 29 22

Fremdenverkehrsverband Rheinland-Pfalz e. V.
Löhrstraße 103-105
5400 Koblenz
Telefon 02 61 / 3 10 79

Touristikinformation Vulkaneifel
Postfach 1371
5568 Daun / Eifel
Telefon 0 65 92 / 17-200

ALLES KÄSE?

**Ob Emmentaler oder Weiß-
lacker, die Allgäuer lieben
ihren Käse. Saftige Weiden
und Tausende von Kühen
bieten aber auch ideale
Voraussetzungen für lek-
kere Molkereiprodukte. Ob
es im Allgäu allerdings nur
Käse gibt, bringt eine Tour
durch diese grüne Region
ans Licht.**

*Die Szene erinnert an die Zeiten
der babylonischen Sprachverwir-
rung: ein paar Wortfetzen im breitesten amerikanischen Slang mischen sich mit französischen Na-
salen, holländische Kehlkopflaute
werden von dem Wortschwall einer
japanischen Fistelstimme überla-
gert. Ein buntgemischtes Völkchen
hat sich da zusammengefunden,
das trotz aller Verständigungsschwierigkeiten ein gemeinsames
Ziel hat: die Besichtigung des Mär-
chenschlosses Neuschwanstein.
Geduldig stehen sie in einer Reihe,
die Kamera vor dem Bauch, den
Reiseführer in der Hand. Zwei bis
drei Stunden müssen sie durch-
schnittlich ausharren, um in den*

*Thronsaal und den Sängersaal mit
Bildnissen aus dem »Parzival« vor-
gelassen zu werden. Der Kult um
das Schloß, das der bayerische
Märchenkönig Ludwig II. im »ech-
ten Styl der alten deutschen Ritter-
burgen« hoch oben über der Pöl-
latschlucht erbauen ließ, ist unge-
brochen. Jahr für Jahr pilgern über
eine Million Besucher an diesen
Ort.
Ich kann mir nur kopfschüttelnd
diesen riesigen Menschenauflauf
betrachten. Es ist mir unerklärlich,
wie man so viel Geduld und Zeit
aufbringen kann, um eines von Millionen Schlössern auf dieser Welt
zu besichtigen. Zugegeben: Ich
war noch nie im Innern von Neuschwanstein, und angesichts dieser abschreckenden Menschen-
mengen kann ich mir auch nicht
vorstellen, jemals eine Tour durchs
Allgäu mit einem Besuch von Neuschwanstein zu verknüpfen. Ich
glaube auch kaum, daß mich das
zweifellos prachtvolle Schloß so
begeistern könnte, daß ich zu dem
Ergebnis kommen würde, die Besichtigung war die Wartezeit wert.
Es ist wohl mit Neuschwanstein so
wie mit dem Heidelberger Schloß:
beides sind Kultstätten des Tourismus, an denen man ganz einfach
einmal gewesen sein muß, wel-*

chen Preis und Aufwand es auch kosten mag.

Zwei bis drei Stunden auf eine Schloßbesichtigung zu warten ist mir einfach zu viel. In dieser Zeit kann ich eine ganze Menge Kilometer auf herrlichen Straßen unter die Räder bringen. Deshalb schenke ich mir auch den Abstecher nach Hohenschwangau, wo der Rummel kaum geringer ist. Der viertürmige Palast über dem Alpsee zieht ebenso die Touristen in Scharen an.

Grasbahnrennen

In Memmingen am nördlichen Rand des Allgäus veranstaltet der AMSC-Memmingen ein internationales Grasbahnrennen.

Bergrennstrecke

Am Oberjoch werden seit 1923 Rennen ausgetragen, allerdings heute keine Motorradrennen mehr. Die Jochstraße ist aber noch Austragungsort für Bergrennen zur Berg-Europameisterschaft.

Nach den Schloßbesuchen lassen sie sich offensichtlich eine Tasse Kaffee in Füssen schmecken, denn die Stadt ist hoffnungslos überfüllt. Eigentlich schade, denn die hübschen Giebelhäuser zeichnen ein malerisches Stadtbild. Das ehemalige Benediktinerkloster St. Mang, seit 1909 Rathaus der Stadt, hat

mit Motorrad-Champion Toni Mang aus Inning am Ammersee nichts zu tun. Es trägt seinen Namen nach dem heiligen Magnus, dem Apostel des Allgäus.

In dieser »Königsecke« des Allgäus gibt es noch einen weiteren Höhepunkt, an dem sich der Touristenstrom etwas in Grenzen hält: die Tegelbergbahn. Hoch hinauf über das Allgäu tragen die roten Kabinen. Die Aussicht bietet einen faszinierenden Kontrast: Im Norden ziehen die schroffen Felsen der Ammergauer Alpen, hinter denen sich majestätisch das Wetterstein-Gebirge mit der Zugspitze erhebt. Im Süden gleicht die Landschaft einem bunten Fleckerlteppich. Die hellgrünen Wiesenflächen wechseln sich ab mit dem fast schwarzen Grünton der Nadelwälder. Einen hübschen Farbklecks setzen die roten Dächer der kleinen Ortschaften in das Landschaftsbild. Die weißen Türme der vielen Kirchen und Kapellen leuchten bis hier herauf auf den Tegelberg. Dazwischen blinken die Oberflächen von Bannwald-, Hopfen- und Forggensee.

Einst gab es hier am Rande der Alpen einen einzigen, großen Gletschersee, aus dem sich die vielen Seen gebildet haben, die über das Allgäu verstreut sind. Der größte See, der zwölf Kilometer lange Forggensee, hat mit dem eiszeitlichen Ursprung der anderen Seen allerdings nichts zu tun. Das Bade- und Wassersportparadies ist künstlicher Art. Der Lech, der hin-

An den alten Holzhäusern im Allgäu wuchert eine farbenfrohe Blütenpracht 121

ter Reutte auf deutsches Gebiet fließt, wird hier zum größten Stausee Deutschlands aufgestaut. Der Forggensee erwärmt sich kaum, denn die Quelle des Lechs ist nicht einmal 100 Kilometer entfernt, so daß viel kaltes Gebirgswasser in den See fließt.

Am Nordufer des Forggensees führt mich mein Weg vorbei, dann über den Illas-Berg und den Zwergen Berg hinüber nach Seeg und weiter nach Nesselwang. Die Verbindungsstücke zwischen den Bundesstraßen hat der Touristenverkehr noch nicht entdeckt. Hier ist die Heimat der glücklichen Kühe, die den ganzen Tag über scheinbar nichts anderes zu tun haben als Gras zu fressen. Futter gibt es hier zuhauf. So weit ich über meine Verkleidungsscheibe blicken kann, sehe ich einen brei-

Trial

Auf dem Gelände der MSG Sulzberg südlich von Kempten sind die Motorrad-Artisten beim Allgäuer Grenzland-Trial am Werk.

Geländefahrt

Der MSC Amtzell ist Ausrichter der Allgäu-Geländefahrt für Motorräder.

ten, grünen Teppich. Eine Weide liegt neben der anderen, sorgsam durch Elektrozäune voneinander getrennt.

Daß es zwischen den Menschen in Bayern und denen hoch oben in

Die glücklichen Kühe lassen sich auch vom Motorrad aus mit einem Leckerbissen verwöhnen

Ostfriesland einen Unterschied gibt, ist hinlänglich bekannt. Aber auch die Kühe können ein »Nord-Süd-Gefälle« nicht verbergen. In Ostfriesland sind sie schwarz-weiß gescheckt, hier im Allgäu ist die Farbe in ein zartes Rehbraun umgeschlagen. Auffällig auch die unterschiedliche kurze Haarpracht auf der Stirn: Die Rinder Ostfrieslands stehen auf Pony-Frisuren, im Allgäu sind Locken groß in Mode.

reifen muß, bis sie ihren herzhaften Geschmack hat. Noch heute wird der Emmentaler nach einem Rezept hergestellt, mit dem der Schweizer Senn Johann Althaus vor über 150 Jahren in der Nähe von Immenstadt den ersten Allgäuer Emmentaler produzierte. Die Zeit ist viel zu kurz, um den ganzen Vorgang der Käseherstellung zu verstehen. Aber es ist empfehlenswert, irgendwo einmal

Stilleben am Wegesrand

Daß den Kühen gar nichts anderes übrig bleibt, als den ganzen Tag zu fressen, wird mir in einer Käserei klar, in die ich einen kurzen Blick werfe. 1 000 Liter Milch müssen sie für einen einzigen wagenradgroßen Emmentaler geben. 100 Pfund wiegt die Scheibe, die drei Monate

den kleinen Holztafeln »Käserei« zu folgen und einen Blick hinter die Ladentheke zu werfen. Da stehen die Käsemeister an ihren riesigen Kupferkesseln und rühren mit der Käseharfe den Brei aus Kuhmilch und Lab um. Am schönsten ist es im Garkeller: Hier lagern all die großen Käseräder, die jeden zweiten Tag abgewaschen werden, bis

Motorrad-Museum

Im Schloß von Wolfegg ist das Automuseum des Motorjournalisten Fritz B. Busch untergebracht. Die sehenswerte Privatsammlung umfaßt neben vielen Autos auch ein paar Motorräder.

der Käse so reif ist, daß er seine unverwechselbare Würze hat. Nach diesem Bildungsstopp in Sachen Käse geht es weiter hinaus auf die Straße. Von Nesselwang führt eine kleine Nebenstrecke hinüber nach Wertach. Hügelig ist diese Straße, die auf jeder Kuppe die nächsten Kurvenkombinationen schon sichtbar werden läßt. Wieder geht es zwischen saftigen Weiden hindurch, die bis an den Straßenrand heranreichen.

Ein Stückchen südlich von Wertach liegt der nur hundert Häuser zählende Luftkurort Jungholz. Betrachtet man sich die Generalkarte, ist an dieser Stelle der deutsch-österreichischen Grenze ein kleines Dreieck aufgepfropft. Jungholz ist eine österreichische Enklave, die nur von Deutschland aus zu erreichen ist. Seit über hundert Jahren gehört es zu Tirol, was aber nur durch die Grenztafel mit dem kaiserlichen Adler sichtbar wird.

Speedwayrennen

Im Oval von Kempten gehen die Driftspezialisten beim internationalen Speedwayrennen an den Start.

Holzschindeln besitzen heute fast schon Seltenheitswert

Eingerahmt von Wald und Weiden ziehen die Nebenstraßen durchs Allgäu

Schranken und Paßkontrollen gibt es hier nicht. Und gezahlt wird überall mit der Deutschen Mark. Vorbei an unzähligen Skigebieten zieht die Bundesstraße von Wertach nach Oberjoch. Wunderschöne, langgezogene Kurven gibt es auf diesem Streckenabschnitt. Da lasse ich es ganz gerne auch einmal etwas schneller angehen. Die flotte Gangart hält hinter Oberjoch an, denn mit der Jochstraße kommt ein fahrerischer Leckerbissen. In wilden Kurvenkombinationen, die kaum einmal die Gelegenheit zum Überholen geben, windet sich die Straße wie eine Schlange hinunter nach Hindelang. Einheimische Motorradfahrer sind auf dieser Strecke in ihrem Element.

Auf dem Parkplatz unterhalb von Oberjoch, von wo sich auf der gegenüberliegenden Straßenseite ein prächtiger Blick weit hinaus ins Tal bietet, ist ihr Treffpunkt. Abwechselnd blasen sie die Strecke hinunter und wieder hinauf.
Die Jochstraße gehört zu den Opfern der Bergrennstrecken für Motorradfahrer. Früher lieferten sich die Motorradpiloten auf der fast sechs Kilometer langen Strecke mit ihren über 100 Kurven packende Kämpfe gegen die Uhr. Heute hat man, wie auf vielen anderen Bergkursen auch, die Motorräder von der Bergrennstrecke verbannt. Fällt die Startflagge zum Internationalen Oberjoch-Rennen, gehen nur noch Radfahrer und Sportwagenpiloten auf die Strecke, letztere allerdings sogar um Europameisterschafts-Ehren. Ein trau-

riges Kapitel der Motorradrenn-sport-Geschichte.

In Hindelang am Fuße der Jochstraße hat man sich etwas Tradition erhalten, wenn auch auf ganz anderem Gebiet. Von den ursprünglich vorhandenen zehn Hammerschmieden ist heute noch eine in Betrieb. Einst waren sie als Waffenschmieden gegründet worden, bis sie sich im Laufe der Zeit auf friedlichere Produkte umstellten. Heute werden unter den vier schweren Schwanzhämmern, die ein Wasserrad über eine Zapfwelle antreibt, sogar Bratpfannen geschmiedet.

So nostalgisch geht es in Sonthofen und Immenstadt nicht zu. Dichter Verkehr und hektisches Treiben bestimmen hier das Stadtbild. Der nahe Alpsee scheint zu locken, denn immer wieder habe ich die gefährlichen langen Maststangen der Surfer vor dem Visier.

Den Alpsee von der am Ufer verlaufenden Bundesstraße aus zu betrachten, erscheint mir wenig attraktiv. Mitten in Immenstadt biege ich deshalb in einem scharfen Linksknick nach rechts ab. Vorbei am Kleinen Alpsee führt die Straße, dann steigt sie langsam an. Von einem nahen Parkplatz kann ich den ganzen Alpsee aus der Vogelperspektive überblicken. Wie Nußschalen wirken die vielen weißen Segelboote, die in einem wilden Durcheinander über den See gleiten. Die spiegelnde, blaue Seeoberfläche schaut aus, als habe sie weiße Masern.

Die Seitenstraße hinauf nach Missen ist keine schlechte Wahl. Noch einmal bietet sich ein wunderschöner Ausblick auf den Alpsee, ehe die Straße dem Stixnerbach folgt und ins Hinterland führt. Ich bin dem dichten Verkehr entflohen und kann mich an den engen, kurvenreichen Straßen ergötzen, die kreuz und quer durch die Wiesen ziehen. Ich bin fast ganz alleine unterwegs. Nur die Kühe schenken mir etwas Aufmerksamkeit, wenn sie neugierig ihre Köpfe über die Weidenzäune strecken.

Motorrad-Treff

Auf den Parkplätzen oben an der Jochstraße kurz vor den ersten Häusern von Oberjoch geben sich Motorradfahrer ein Stelldichein.

Bergrennen

Am 1055 Meter hohen Auerberg bei Bergbeuren geht am Ostrand des Allgäus ein Bergrennen über die Strecke. Das Rennen zählt zum OMK-Bergpokal.

Bezaubernde Häuser stehen in den kleinen Ortschaften, die von ihrem prachtvollen Geranienschmuck fast überwuchert werden. Hin und wieder sind sie noch bis in den letzten Winkeln mit Holzschindeln verkleidet.

Vor einer verwitterten Holzhütte liegen ein paar Stapel solcher Schindeln. Kaum größer als eine

Für Segler und Surfer ein beliebtes Revier: der Alpsee bei Immenstadt

Zigarettenschachtel sind sie, am einen Ende abgeflacht, am anderen rund. Sorgsam sind sie übereinander geschichtet. Die Maserung des hellen Holzes zeichnet ein hübsches Streifenmuster. Zehntausende, vielleicht sogar Hunderttausende von einzelnen Schindeln mögen es sein, hinter denen sich eine ganze Hausfassade versteckt. Eine mühevolle, zeitraubende Arbeit, die den meisten Bauherren heute zu teuer ist. Diese alten Bauernhäuser faszinieren mich so, daß ich mir unweit von Eisenharz ein Zimmer in solch einem schindelverkleideten Hof suche. Ganz oben unter dem Dach quartieren mich die freundlichen Wirtsleute ein. Die alte Treppe hin-

auf zu meinem Zimmer knarrt entsetzlich, die Stufen hängen in der Mitte schon ein wenig durch. Das winzige Fenster mit seinen Butzenscheiben schließt nicht mehr so ganz; der Holzrahmen hat sich wohl im Laufe der Jahre verzogen. Aber das stört mich wenig. Ich genieße bei geöffnetem Fenster die frische Luft, die sich ein wenig mit dem Geruch von Stroh und Kühen mischt. Landluft eben, wie sie Stadtkindern nur noch selten um die Nase weht.
Am nächsten Morgen werfe ich einen Blick aus meinem kleinen Dachfenster, vor dem leuchtendrote Geranien in einem grünen Blumenkasten blühen. Dichter Nebel liegt über den sanft geschwungenen Hügeln. Ein paar grüne Kuppen tauchen aus dem weißen Meer auf. Ganz zaghaft leuchtet die

127

Sonne am Horizont. Ihre Strahlen sind noch zu schwach, die weiße Wand zu durchbrechen. Der karge, gelbliche Sonnenschein mischt sich mit dem schneeweißen Nebel und taucht die Landschaft in ein romantisches Morgenlicht. Stundenlang könnte ich am Fenster stehen und dem Spiel der Sonnenstrahlen inmitten der weißen Nebelwolken zuschauen. Aber

Grasbahnrennen

Der AMC Bad Waldsee veranstaltet regelmäßig ein internationales Grasbahnrennen in Bad Waldsee.

Generalkarte

Blatt 25

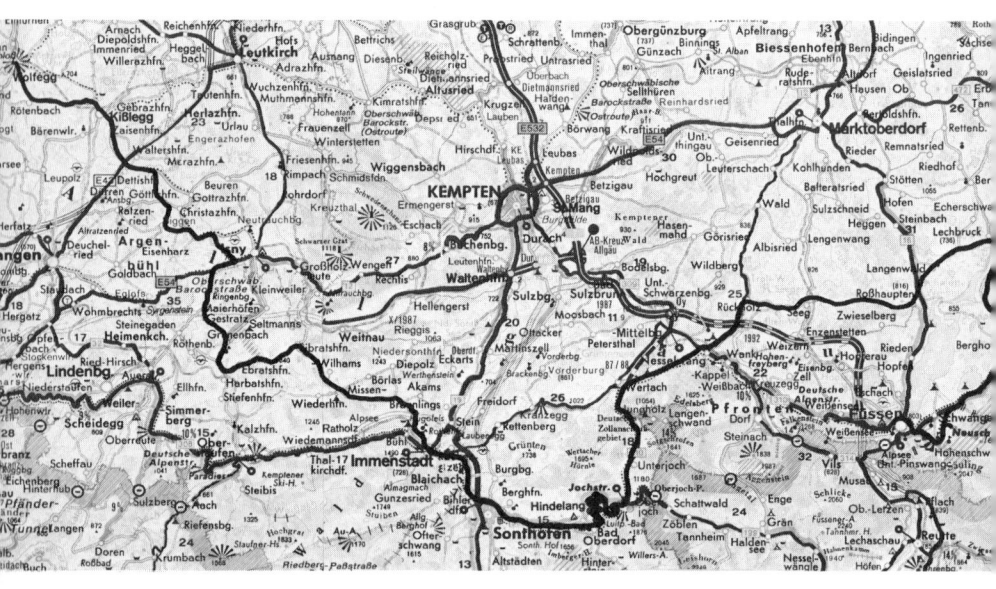

diese liebliche Morgenstimmung möchte ich auch auf dem Motorrad erleben, möchte durch die Nebelschwaden hindurchfahren, mich von den ersten Sonnenstrahlen wärmen lassen.

128 *Empfindlich kühl ist es noch, als ich*

das gemütliche Bauernhaus verlasse. Auf der Sitzbank ein Meer von Tautropfen. Dann geht es hinaus auf die kleinen Straßen, die sich zwischen den Weiden hindurchschlängeln. An den Grasspitzen blitzen überall die Tautropfen.

Ein paar kleine Weiher liegen am Weg, aus denen Dampfwolken aufsteigen. Ich bin so begeistert von dieser Landschaft abseits von jeglichem Rummel, daß ich gar nicht mehr darauf achte, wo ich eigentlich hinfahre.

Als plötzlich irgendwo an einer Kreuzung das Schild »Wolfegg« aufkreuzt, weiß ich, daß ich trotz aller sorglosen Schwärmereien auf dem richtigen Weg bin. Eines der schönsten privaten Automuseen in Europa steht noch auf dem Programm. Ein Besuch bei Fritz B. Busch im Schloß von Wolfegg lohnt immer, auch wenn die Motorräder hier nicht die erste Geige spielen.

Die letzte Station der Allgäu-Reise ist aber das Wolfegger Schloß nicht. Auf dem Notizblock ist noch ein einziger Punkt offen. »Kässpatzen« habe ich mir da eilig hingekritzelt. Womit wir wieder beim Thema Käse wären. Das Allgäuer Natio-

nalgericht möchte ich vor der Heimfahrt unbedingt noch einmal kosten. Suchen muß ich da nicht lange. Fast jede Gastwirtschaft hat diese Speise auf ihrer Karte. Das auflaufartige Gericht aus Spätzle, gerösteten Zwiebeln, ein paar Butterflöckchen und viel würzigem Emmentaler schmeckt fantastisch. In erster Linie liegt das wohl an dem köstlichen Allgäuer Käse. Deshalb allerdings zu dem Ergebnis zu kommen, im Allgäu wäre alles Käse, ist mit Sicherheit ein Trugschluß.

Infos

Fremdenverkehrsverband
Allgäu/Bayerisch-Schwaben e.V.
Fuggerstraße 9
8900 Augsburg 1
Telefon 0821/3 33 35

KENNZEICHEN D

Wo sich Fuchs und Hase Gute Nacht sagen, zieht die deutsch-deutsche Grenze durch Fichtelgebirge, Frankenwald und Coburger Land. Eine Tour in dieser Abgeschiedenheit ist ein Erlebnis, das nachdenklich macht. Die stete Nähe der Demarkationslinie hinterläßt ihre Spuren.

Langsam senkt sich die Sonne hinter den sanft geschwungenen Hügeln. Aus der Ferne leuchten die Lichter einer kleinen Stadt. Weiße Rauchwolken quellen aus einem dünnen Schornstein in den nördlichen Abendhimmel.

Wir sitzen auf der Terrasse eines Gasthofes in Rudolphstein beim Abendessen und betrachten die idyllische Szenerie. Der Koch hat uns frische Pfifferlinge aus dem Frankenwald als Spezialität empfohlen, dazu einen Schluck aus der grünen Bocksbeutelflasche. Eigentlich könnte ein wunderschöner Tag auf zwei Rädern gar nicht besser ausklingen. Wenn da nicht dieser Fremdkörper wäre, der trotz seines häßlichen Aussehens unsere Blicke immer wieder magisch anzieht: der engmaschige Zaun der Zonengrenze. In einem wilden Zick-Zack-Kurs folgt er dem Verlauf der Saale. Er durchpflügt Wiesen und Felder, bis er irgendwo hinter einer Bergkuppe unseren Blicken entschwindet.

Richtiger Appetit will oder kann bei der stets gegenwärtigen Nähe dieser Demarkationslinie nicht aufkommen. Ein seltsames Gefühl, eine Mischung aus Mitleid, Wut und Ohnmacht, hat sich in uns breitgemacht. Die Stadt, deren Lichter bis zu uns herüberleuchten, die sanft geschwungenen Hügel, hinter denen gerade noch die letzten Sonnenstrahlen hervorblitzen, der Schornstein, aus dem unvermindert weiße Rauchwolken herausquellen – das alles liegt im anderen Teil Deutschlands. Abgetrennt durch einen doppelten Zaun, der unweigerlich die Assoziation zu einem Zoo aufkommen läßt. Wie ein riesiger Käfig wirkt dieses Gebiet jenseits des Zaunes.

Daß es auch anders geht, beweisen uns die Tschechen bei der Einfahrt ins Fichtelgebirge. Kein doppelter Drahtzaun, kein aufgewühlter Erdstreifen dazwischen, keine Wachtürme mit spähenden Solda-

In regelmäßigen Abständen tauchen diese Schilder entlang der deutsch-deutschen Grenze auf

phaltrand mit seinem weißen Strich ist noch auf deutscher Seite, die paar Grasbüschel dahinter gehören schon zum Gebiet der Tschechen. »Wenn mich jetzt ein Autofahrer überholt und abdrängt, falle ich direkt in die Tschechoslowakei«, sage ich schmunzelnd zu Georg. »Und das ohne Visum«, fügt der lachend hinzu.

Die schmale Seitenstraße von Schirnding nach Selb und weiter nach Rehau geht ab und zu bis auf Tuchfühlung mit der Grenze, dann wieder sorgen ein paar Kurven für etwas Abstand. Jeder neue Kontakt mit den weißen Stangen hat aber nichts Erschreckendes, nichts Bedrückendes. Wir stoßen auf eine

ten. Zunächst deuten nur die Schilder, die amerikanische Armeeangehörige vor der nahen Grenze warnen, darauf hin, wie dicht wir uns an der Grenze bewegen. Dann tauchen plötzlich die runden, weißen Stangen mit den hellblauen Ringen am Wegrand auf, die den Grenzverlauf zwischen der Bundesrepublik und der Tschechoslowakei markieren. Dazwischen sind immer wieder Tafeln mit der Aufschrift »Landesgrenze« in den Boden gerammt.

Nördlich von Hohenberg an der Eger etwa verläuft die Grenze unmittelbar an der Straße. Der As-

Motorrad-Museum

Im Kraftwerk Hirschsprung in Silberbach, einem kleinen Ort südlich von Selb, gibt es ein kleines, aber sehenswertes Motorrad-Museum, in dem Arno Hüttel seine Veteranen ausstellt.

Zuverlässigkeitsfahrt

»Rund um die Bayerische Puppenstadt« – unter diesem Motto veranstaltet der MC Neustadt seine Zuverlässigkeitsfahrt für Motorradfahrer.

Club-Treffen

Der Honda-Club Rehau trifft sich jeden zweiten und vierten Montag im Monat im Vereinsheim der Hundefreunde in Rehau am Steinweg. Gäste sind willkommen.

Grenzlinie, die zumindest äußerlich den Anschein erweckt, als trenne sie zwei westliche Länder. Daß jenseits der Stangen der Ostblock beginnt, wird allenfalls an den weißen Blechschildern mit dem Wappen der CSSR deutlich.

So können wir auch den Fahrspaß im Fichtelgebirge uneingeschränkt genießen, und von dem gibt es gleich eine ganze Menge. »Daß man irgendwo noch solche Wege für den öffentlichen Verkehr findet, hätte ich nicht gedacht«, meint Georg, als wir zum ersten Mal die Asphaltstraßen verlassen und in den Wald abbiegen. Was auf der Generalkarte als »Straße in Planung« verzeichnet ist, entpuppt sich als festgefahrener Waldweg mit einer

Ein Blick auf die Karte: Bis zur tschechischen Grenze sind es nur wenige Kilometer

dünnen Schotterauflage. Von Silberbach über Häusellohe und Buchwald bis nach Längenau führt der Pfad quer durch den Wald. Sonnenstrahlen blitzen zwischen den Wipfeln hindurch und malen ein lustiges Licht- und Schattenbild auf den Boden.

Autos stehen hin und wieder in schmalen Seitenwegen, zahlreiche Radfahrer begegnen uns mit Körben und Eimerchen an den Lenkern. Das Waldgebiet rechts und links der Straße ist ein Paradies für Heidelbeerliebhaber. Aber auch ohne in den Wald vorzudringen, kommen wir bei einer kurzen Rast zu einem fruchtigen Vergnügen: Schmackhafte Waldhimbeeren wachsen an den Sträuchern, die den Waldrand säumen.

So einfach es hier ist, sich den Bauch mit Beeren vollzuschlagen, so schwierig ist es, den richtigen Weg zu finden. Kreuzungen gibt es mitten im Wald zuhauf, aber Wegweiser sind Mangelware. Die winzigen Holzschilder mit Zahlen und merkwürdigen Symbolen mögen Wanderern und Radfahrern den richtigen Weg zeigen, uns helfen sie jedenfalls nicht. An jeder Weggabelung wird die Orientierung erneut zum Glücksspiel.

Kurz vor Buchwald rollen wir aus einem dichten Fichtenwald. Ein paar Sträucher verdecken noch die Sicht, dann wird der Blick auf kleine Tümpel frei. Blitzende Lichtpunkte tanzen auf den Wasseroberflächen. Eine romantische Ecke, die aber auch ihre Tücken

hat: Der Weg verzweigt sich hier in alle Himmelsrichtungen, so daß wir schließlich völlig hilflos sind.
Ein paar Zollbeamte weisen uns den richtigen Weg nach Längenau. Selbst auf den entlegensten Sträßchen trifft man auf die Grünuniformierten mit ihren grauen Kleinbus-

Ein seltenes Fahrvergnügen: Unbefestigte Wege stehen im Fichtelgebirge und im Frankenwald für den Verkehr offen

Moto-Cross

Auf dem Sechsämterring veranstaltet der MSC Höchstädt Moto-Cross-Rennen zur Deutschen Meisterschaft und um den OMK-Pokal.

Trial

Gefrees, etwas 40 Kilometer westlich der tschechoslowakischen Grenze bei Selb, verfügt über eine weltmeisterschaftstaugliche Trial-Strecke.

sen, auf deren Kühlerhauben der schwarze Schriftzug »Zoll« prangt. Meist stehen sie in irgendeinem Seitenweg und sind erst auf den zweiten Blick zu entdecken. An uns und unserem Gepäck haben sie allerdings keinerlei Interesse.
Die schmalen Naturstraßen quer durch Wald und Feld faszinieren uns immer wieder. In anderen Landstrichen hätte man längst Verbotsschilder aufgestellt, aber hier haben solche Beschränkungen Seltenheitswert. Vielleicht mag es auch daran liegen, daß schon auf den asphaltierten Straßen bei uns das Gefühl aufkommt, wir seien am Ende der Welt. Gäbe es nicht die

vielen Traktoren, um die wir angesichts der ausladenden, scharfen Ackergeräte einen großen Bogen machen, wären wir fast alleine auf der Straße. Zwischen Zonengrenze und der mäßig befahrenen Bundesstraße wirkt die Gegend wie ausgestorben.

Ist aber schon niemand auf den befestigten Straßen anzutreffen, so haben Autos auf den Naturstraßen noch größeren Seltenheitswert. Um gemütlich durch die Landschaft zu touren und nicht immer den Verkehr im Blickfeld zu haben, wäre es gar nicht notwendig, auf Lehm- oder Schotterstraßen auszuweichen. Aber es macht einfach Spaß, auch einmal solche Pfade unter den Rädern zu haben. Wir verlassen die Gegend um Selb, in der sich mit Firmen wie Hutschenreuther und Rosenthal das Mekka der deutschen Porzellanindustrie befindet, und nehmen Kurs auf Hof. Das Fichtelgebirge mit seinen weitläufigen, bewaldeten Flächen liegt hinter uns. Der schmale Landstrich bis zum Frankenwald ist geprägt durch Kornfelder und Wiesen, die nur hier und da mit ein paar kleineren Waldstücken durchsetzt sind. Noch immer versuchen wir, so nah wie möglich an der Grenze zu bleiben. Hinter Oberprex kommt dann der Einschnitt: Die Landesgrenze zwischen der DDR und der Tschechoslowakei stößt auf den Grenzverlauf zur Bundesrepublik. Wir merken von dieser Änderung nichts, bis hinter Gumpersreuth im

Straßengraben ein Schild auftaucht. »US-Armeeangehörige, Halt, ein Kilometer bis zur Grenze der Deutschen Demokratischen Republik«, steht dort auf englisch zu lesen. Wir recken ein wenig die Hälse und schauen über den Hügel, der uns die Sicht versperrt. Da ist sie also, die Demarkationslinie, die mitten durch die Landschaft zieht.

Motorrad-Café

In Steinfelden an der B 22, ca. 35 Kilometer südlich von Kronach, bietet das Motorradfahrer-Café Gelegenheit zu Benzingesprächen. Der Wirt fährt Harley.

Enduro-Zuverlässigkeitsfahrt

Für Enduristen veranstaltet der AMC Hohe Aßlitz in Sonnenfeld die Enduro-Zuverlässigkeitsfahrt »Rund um die hohe Aßlitz«.

Motorrad-Camping

Campingmöglichkeiten nach Voranmeldung bieten die Kulmbacher Motorradfreunde auf der clubeigenen Wiese neben dem Vereinsheim. Kontakt: Telefon 09221/76497.

Ein paar Kilometer weiter wird uns dann ganz deutlich vor Augen geführt, wie dieser Drahtzaun ein Land zerteilt hat. Die Bundesstraße 173, die von Bamberg über Hof nach Plauen führte, endet plötzlich in einem Wust von Unkraut vor einem verrosteten, schiefen Eisentor. Das breite Asphaltband zeigt noch deutlich, wie es einmal die Städte Hof und Plauen verband, auch wenn es an den Rändern schon von Pflanzen überwuchert ist. Auf bundesdeutscher Seite hindert eine Schranke an der Weiterfahrt, hinter der Grenze führt die Straße geradewegs auf die Eisentüre und dann auf den doppelten Maschenzaun zu.

Solche abrupten Unterbrechungen eines Straßenverlaufs gehören zur

Häuser und Industrieschlote der ostdeutschen Stadt Blankenberg spiegeln sich im Wasser der Saale

Tagesordnung bei einer Tour entlang der Zonengrenze. Anfangs ist es noch die Neugierde, die uns immer wieder den Hinweisschildern »Landesgrenze« folgen läßt. Aber jedesmal ist es das gleiche frustrie-

Der Bahnhof von Falkenstein, nur einen Steinwurf von DDR-Gebiet entfernt

rende Bild: Der Verlauf der Straße bis zum Grenzzaun hinüber ist zwar noch zu erkennen, aber wir müssen vor der Schranke die Maschinen drehen und den Rückzug antreten. Eine Stelle gleicht dabei der anderen bis ins Detail: eine weiß-rote Schranke, die an der Weiterfahrt hindert, ein paar hun-

Motorrad-Museum

Das Motorrad-Museum in Höchstädt, für das in aktuellen Fremdenverkehrsprospekten noch Werbung getrieben wird, besteht nicht mehr.

Club-Treffen

Die Kulmbacher Motorrad-Freunde treffen sich jeden Mittwochabend ab 19 Uhr zum Stammtisch im eigenen Vereinsheim in Kulmbach-Neuseidenhof, Unterauhof 1. Gäste sind willkommen.

Trial

Der AC Kronach am Rande des Naturparks Frankenwald veranstaltet den ADAC-Trial »Hammermühlbach«.

dert Meter weiter ein doppelter Zaun mit dem aufgewühlten rötlichen Erdstreifen und überall die Wachtürme, von denen aus keine Ecke verborgen bleibt.

Anders als etwa an der finnisch-russischen Grenze, wo bereits weit vor der eigentlichen Grenzlinie das Fotografierverbot beginnt, können wir hier die Kamera aus dem Tankrucksack packen und ungehindert fotografieren. Unbeobachtet bleiben wir dabei allerdings nicht. Kaum stehen die Motorräder auf dem Seitenständer, kommt Leben in die Beobachtungsplattform der Wachtürme. Mit dem bloßen Auge sind die Volksarmee-Soldaten zu erkennen, die mit dem Fernglas jeden unserer Schritte beobachten. Auch wenn wir uns frei vor der Grenze bewegen und fotografieren können, wird die ständige Beobachtung mit der Zeit lästig. »Hinter dem Gebüsch ist ein Wachturm«, meint Georg, als wir wieder einmal halten. »Da hat uns schon wieder einer mit dem Feldstecher im Visier.« Instinktiv suchen wir nach einigen Kilometern entlang des Grenzzaunes den nächsten Wachturm, denn dieses beklemmende Gefühl, daß wir unter ständiger Beobachtung sind, will nicht weichen. Wir brauchen noch nicht einmal anzuhalten und zu fotografieren, um die Wachposten zu aktivieren. Eine kurze Bummelstrecke genügt schon, daß wir wieder irgendwo Verdacht erregt haben und ein Fernglas auf uns gerichtet ist. Irgendwann beim Fahren wird mir dann auf einmal bewußt, daß die ständige Konzentration auf den Zaun und die meterhohen Wachtürme den Blick für die Landschaft fast völlig versperrt. Dabei gibt es ganz wenig Gebiete in Deutschland, die so viel Fahrgenuß bieten wie das nördliche Frankenland. Ob Bayerische Alpen oder Nordseeküste – überall hat man mit dem Verkehr zu kämpfen. Vor allem an Wochenenden und während der Ferienzeit wird es in manchen Landstrichen fast unerträglich. Vor lauter Verkehr bleibt keine Zeit, auch nur einen kurzen Blick auf die Landschaft zu werfen.

Ganz anders in Franken. Entlang der Zonengrenze sind wir selbst an einem Wochenende Anfang August, wo andernorts die Ferienre-

STAATS-
GRENZE

**Ende der Fahrt: die Staatsgrenze zur
Tschechoslowakei**

gionen von Urlaubern über-
schwemmt werden, fast ganz alleine. Nicht einmal Motorradfahrer,
die sonst im Entdecken solch ver-
kehrsarmer Gegenden eine gute
Nase haben, treffen wir an. Etliche
Kilometer rollen wir oft durch die
Felder, ohne daß uns ein Fahrzeug
entgegenkommt. Vielleicht
schreckt viele der häßliche Anblick
des Grenzzaunes und der Mauer.
Aber man muß sich ganz einfach
dazu zwingen, den Blick auf die
hügelige Landschaft mit den weitläufigen Wiesen, Feldern und den
dichten Wäldern zu lenken.
Mit dem Motorrad merkt man erst
richtig, wie abwechslungsreich
diese Gegend ist. Traumhafte,
leicht geschwungene Straßen ziehen durch die Felder, über denen
der Geruch von frisch geerntetem
Getreide liegt. Ein Stückchen wei-

ter duftet es nach saftigem Gras,
das gerade abgemäht wird. Die
Sonne brennt auf die Ebene herunter, daß es in der Lederkombi mit
der Zeit recht warm wird. Dann rollen wir von der Kuppe eines Hügels
herunter in ein kleines Waldstück,
in dem uns eine erfrischende Kühle
entgegenschlägt. Die Tannen und
Fichten stehen so dicht, daß nur
ganz vereinzelt ein paar Sonnenstrahlen durch die Baumwipfel
dringen.
Wie einsam diese Gegend ist, merken wir auch am Abend, als wir auf
Zimmersuche gehen. Im Schritt-
tempo tuckern wir durch die Ortschaften, um nach einer gemütlichen Pension Ausschau zu halten. In den ersten beiden kleinen
Orten suchen wir vergeblich, im
nächsten sind die vier Zimmer des
einzigen Gasthofes bereits belegt.
Erst in Rudolphstein werden wir
fündig. Daß wir hier dann gleich
recht große Auswahl haben, liegt

139

Geführte Touren

Wer sich einer ortskundigen Gruppe bei einer Fahrt durch den Frankenwald, das Kulmbacher Land oder entlang der Grenze anschließen möchte, wende sich an die Kulmbacher Motorrad-Freunde. Gegen eine kleine Spende in die Clubkasse führen sie geführte Touren durch.
Kontakt: Telefon 09221/76497.

an der Transitautobahn nach Berlin, die durch den Ort zieht. Für mehr als eine Nacht bleibt aber kaum ein Gast.
Von Rudolphstein aus bis hinüber nach Lichtenberg, der alten Ritterstadt, zieht die Panorama- und Saaletalstraße. Große Tafeln am Wegrand beschreiben die Route, Wegweiser leiten an jeder Kreu-

zung auf die richtige Straße. Als landschaftlich besonders schöne Strecke ist die Straße auf der Generalkarte vermerkt, was noch zutreffend sein mag. Die Bezeichnung »Panorama-Straße«, die den Hirnen irgendwelcher vermarktungswütiger Touristik-Fachleute entsprungen ist, kann man aber getrost als makaber bezeichnen. Denn großartige Ausblicke auf den Frankenwald werden an keinem einzigen Punkt dieser Straße geboten. Die Panoramen entlang der Route sind eher bedrückend: Die schäbige Mauer, der dahinterliegende Maschendrahtzaun und die Wachtürme präsentieren sich ungeschützt in ihrer ganzen Häßlichkeit. Gleich hinter dem Zaun

Der Blick über den Zaun hinüber in den anderen Teil Deutschlands

fällt der Blick auf Ortschaften wie Pottiga oder Blankenberg, deren Häuserfassaden und rauchende Schlote sich im Wasser der Saale spiegeln. Nirgendwo sonst auf der ganzen Tour sind uns die Menschen aus dem anderen Teil Deutschlands so nahe.

Wir halten an einer mittlerweile gesperrten Brücke über die Saale. Einen Steinwurf von uns entfernt steht eine Fabrikhalle aus roten Backsteinen. Neonlampen brennen an den Decken, obwohl es heller Tag ist. Plötzlich öffnet sich ein Fenster, eine blonde Frau mittleren Alters schaut heraus. Wir könnten ihr zurufen, mit ihr sprechen, aber sie nimmt keine Notiz von uns. Der Grund liegt auf der Hand: Ein Soldat vom nahen Wachturm hat uns schon wieder mit dem Fernglas unter Kontrolle.

Dieses Gefühl, daß auf der anderen Seite der Saale Menschen wie Tiere in einem Käfig gehalten werden, wird angesichts der zum Greifen nahen Mauer und des dahinterliegenden Zaunes noch verstärkt. Daß diesem hier so offensichtlichen Willkürakt, der Familien und Verwandte getrennt hat, auch noch eine touristische Straße gewidmet wird, die geradezu den Blick auf diese Demarkationslinie lenkt, ist eine Geschmacklosigkeit.

Wir sind froh, als wir wieder etwas Abstand von der Grenze gewinnen können und diese dubiose Ferienstraße hinter uns gelassen haben. In Bad Steben wird dann deutlich, daß es auch im nördlichen Franken ein paar kleinere Ortschaften gibt, in denen der Fremdenverkehr Fuß gefaßt hat. Aber es sind weniger die Urlauber als vielmehr die Kurgäste, die die bunten Straßen des Städtchens bevölkern.

Gleich hinter Bad Steben beginnt auf der Frankenwald-Hochstraße wieder die Einsamkeit. Durch ein Meer von Tannen führt entlang der Grenze die schmale Straße, der es offensichtlich wenig geschadet hat, daß man ihr das Prädikat einer Ferienstraße verlieh. Auch dadurch hat es die Tourismus-Branche nicht geschafft, mehr Menschen in den nördlichsten Zipfel Frankens zu locken. Uns kann das nur recht sein. So haben wir wieder die Straße für uns alleine und können getrost einen Blick auf die grüne Mittelgebirgslandschaft werfen.

Motorrad-Gaststätte

In Veitlahm westlich von Kulmbach, etwa 40 Kilometer südlich der Zonengrenze, treffen sich Motorradfahrer beim Köttlers Jakob. Diese urige Gaststätte mit Biergarten gehört einem über 70 Jahre alten Gespannfahrer, der noch das ganze Jahr über fährt.

Wir dringen bis in den nördlichsten Zipfel des Frankenwaldes vor, fahren ein kleines Stück auf der B 85 und wechseln dann in Ludwigsstadt wieder auf die Nebenstrecke Richtung Steinbach an der Haide. Der kleine Ort ist einen Abstecher wert, denn er gehört zu den schön- 141

sten im ganzen Frankenwald. In der Ortsmitte ist ein riesiger Garten angelegt, so, als gehöre er den Besitzern aller umliegenden Häuser jeweils zu Teilen. In allen Farben leuchten die Blumen inmitten des länglichen Ovals. Dazwischen ist allerlei Gemüse angepflanzt. Schmucke Häuser umgeben diese bunte Pracht. Sie sind mit schwarzen Schindeln aus Schiefer gedeckt, die in der Sonne silbrig glänzen. Selbst einige der Fassaden sind mit dünnen Schieferplatten verkleidet, auf denen sich die roten Geranien vor den Fenstern besonders gut abheben.
Ein schmaler Pfad führt von Steinbach hinunter nach Falkenstein. Auf solch engen Wegen heißt es ganz besonders aufpassen, denn die vielen Traktoren hinterlassen immer wieder Lehmspuren auf der

Einsam und verlassen sind die Straßen, die durch das nordöstliche Frankenland ziehen

Fahrbahn, die oft rutschig wie Schmierseife sind.
Falkenstein, die nördlichste Ortschaft im Frankenwald direkt an der Grenze zur DDR, hat auch schon bessere Zeiten erlebt. Das alte Brauereigebäude am Ortseingang ist längst zerfallen. Die kläglichen Überreste lassen nur vermuten, daß hier einst ein prachtvolles Brauhaus stand.
Gleich neben der B 85, die nach Probstzella führte, heute aber im Nichts endet, steht das massive Bahnhofsgebäude, das aus graubraunen Natursteinen gemauert ist.
Das Dorf mit seiner interessanten Architektur hinterläßt einen trauri-

gen, verlassenen Eindruck bei uns, als wir wieder entlang der Grenze nach Süden steuern.

Ein Rundweg schraubt sich in spitzem Winkel von der B 85 hinauf nach Lauenstein, das von der Mantelburg beherrscht wird. Für Busse und Autotouristen ist mit einem großen Parkplatz unterhalb der Burg vorgesorgt, aber auch der ist an diesem Wochenende verlassen. Nur ein paar Urlauber haben sich oberhalb des Städtchens an der Thüringer Warte eingefunden. Von diesem Aussichtsturm ist das zu sehen, was uns die Tour bereits zur Genüge geboten hat: die Demarkationslinie und der dahinterliegende östliche Teil Deutsch-

Das Städtchen Lauenstein mit der Mantelburg im nördlichsten Zipfel des Frankenwaldes

Club-Treffen

Der Motorradclub Schwarze Katze in Coburg veranstaltet jeden Donnerstag einen Clubabend ab 20 Uhr in der Gaststätte »Felsenkeller« in Coburg-Neuses.

Motorrad-Treff für Geländefahrer

Auf dem Lauterberg ist ein Abschnitt für Geländefahrer abgesteckt. Hier treffen sich vor allem samstags Enduristen und Crosser.

lands, nur dieses Mal aus der Vogelperspektive.

Entlang der Tettau, deren Bachmitte bisweilen die Grenze bildet, zieht unsere Route weiter durch den Frankenwald nach Süden.

Noch immer sind wir alleine auf der Straße, denn der mäßige Verkehr rollt über die parallel verlaufende Bundesstraße 85.
Ein schmaler Weg zieht durch den Wald von Schauenberg nach Buchwald, der uns einmal mehr an eine schilderlose Kreuzung bringt.

In Haßlach zweigt die B 89 nach Burggrub ab, eine der vielen Straßen, die uns einmal wieder kehrtmachen läßt. Erstaunlich nur, daß an dieser Stelle der Grenze die Überwachung nicht mehr so lückenlos ist wie bisher. »Da sitzt ja gar keiner im Wachturm«, sage ich

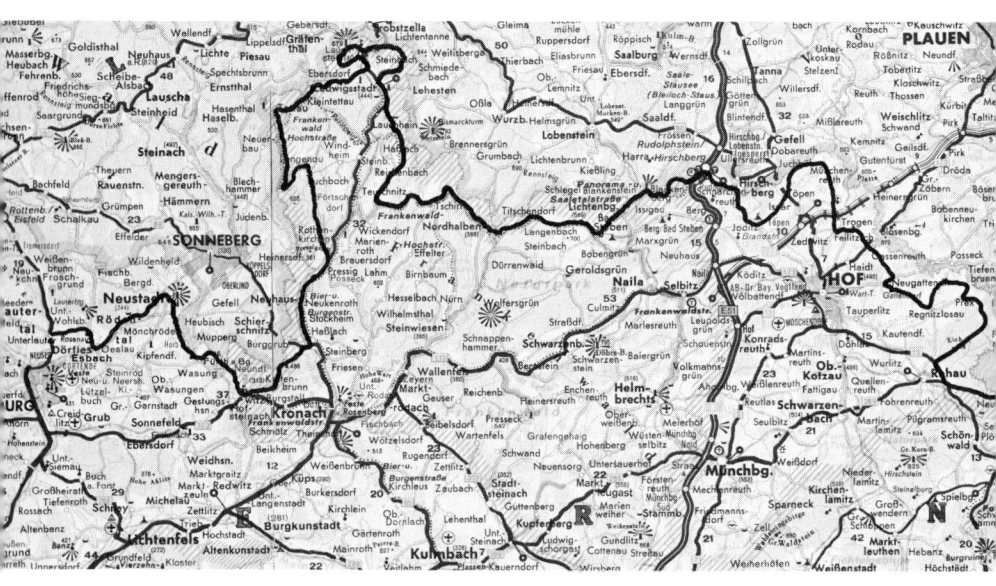

Aber es kommt ohnehin nicht so genau darauf an, eine feste Route zu fahren. Kühle Waldstücke mit einer für Großstadtlungen erholsamen Luft finden wir überall, und nach den versteckten Nebenstrecken müssen wir erst gar nicht lange suchen. Fahrzeuge besitzen Seltenheitswert. Da macht auch die Bundesstraße 85 zwischen Pressig und Haßlach keine Ausnahme.

zu Georg nach einem Blick durch die Kamera. Auch er kann mit dem Teleobjektiv keinen Soldaten ausmachen. Dafür ist in dem benachbarten Turm, der ein paar hundert Meter entfernt ist, schon wieder Leben erwacht, seit wir unsere Motorräder abgestellt haben.
Bei Neundorf verlassen wir den Frankenwald und schauen uns noch ein wenig im Coburger Land

um. Die Verkehrssituation hinauf nach Neustadt bei Coburg ändert sich kaum, aber auf die dichten Waldgebiete wie im Frankenwald treffen wir nur noch vereinzelt. Unser Blick geht wieder weiter in die Ferne über Wiesen und Felder.

Drahtzaun getrennt. Vielleicht ist mit der Errichtung des Museums in so unmittelbarer Nähe der Grenze auch die Hoffnung verbunden, daß diese Völkerbegegnung sich eines Tages nicht nur auf das Museum beschränkt.

Generalkarte
Blatt 14

Neustadt bei Coburg ist ebenfalls eines der Opfer der deutsch-deutschen Grenze. Die bayerische Puppenstadt, die das weltberühmte Trachtenpuppenmuseum beherbergt, liegt nur fünf Kilometer von Sonnenberg entfernt. Die südthüringische Stadt gilt als Weltspielwarenzentrum. Die gemeinsamen Berührungspunkte auf dem Spielzeugbereich sind heute durch einen Zaun getrennt.
Das Trachtenpuppenmuseum ist der genaue Widerpart zur Demarkationslinie, von der es nur ein paar Minuten entfernt ist: Dort begegnen sich Völker aus aller Welt, hier wird ein Volk durch einen

Infos

Fremdenverkehrsverband
Franken e.V.
Am Plärrer 14
8500 Nürnberg 80
Telefon 0911/264202

Tourist-Information Fichtelgebirge
Bayreuther Straße 4
8591 Fichtelberg
Telefon 09272/6255

Tourist-Information Frankenwald
Amtsgerichtsstraße 21
8640 Kronach
Telefon 09261/748

Tourist-Information
Oberes Maintal – Coburger Land
Alte Darre
Bamberger Straße 25
8623 Staffelstein
Telefon 09573/200

MÄRCHENREISE

Voller Geheimnisse und Überraschungen steckt das Weserbergland, durch das einst die Bremer Stadtmusikanten zogen und in dem Dornröschen in seinen langen Schlaf fiel. Die herrliche Landschaft scheint heute noch aus einem Märchen zu stammen.

Durch das hellgrüne Laub der uralten, knorrigen Eichen fallen einzelne Sonnenstrahlen. Der Waldboden ist mit einem dichten Farnteppich überwuchert. Die filigranen Blätter schimmern silbrig im Sonnenlicht. »Das ist ja märchenhaft«, meint Georg begeistert. »Ich glaube, ich habe noch nie einen so schönen Wald gesehen wie diesen hier.«
Märchenhaft ist der Reinhardswald in der Tat. Nicht nur deshalb, weil hier die Gebrüder Grimm einst die schönsten Märchen aufschrieben. Es ist vor allem die Stimmung in diesem Laubwald. Die knorrigen, verkrüppelten alten Eichen, das Spiel der Sonnenstrahlen, die immer wieder zwischen den Baumkronen aufblitzen, das unendliche Meer von kniehohem Farn und dann die schmale Straße, auf der wir langsam dahinrollen – ein Landschaftsbild wie in einem Märchen.
Märchenhaft ist aber nicht nur der Reinhardswald am linken Ufer der Weser, sondern das ganze Weserbergland. Und das im wahrsten Sinne des Wortes. Nicht von ungefähr zieht von Hanau über Hameln nach Bremen die Deutsche Märchenstraße mitten durch dieses Gebiet. In Bodenwerder ließ einst der Baron von Münchhausen seiner Phantasie freien Lauf, in Hannoversch Münden kurierte Doktor Eisenbart die Leute auf seine Art und in Hameln trieb der Rattenfänger sein Unwesen. Aber nicht genug des Märchenhaften: Entlang der Weser zogen die Bremer Stadtmusikanten, die Fenster des Doms zu Verden sind ein Geschenk des Seeräubers Klaus Störtebecker und in Wiedensahl stand die Wiege des großen Wilhelm Busch. Ein Land voller Schnurren, Sagen und Märchen. Und zu jenen Märchen gehört eben auch die Strecke von Holzhausen zur Sababurg durch den Reinhardswald, selbst wenn sie greifbare Realität ist. Denn es gibt we-

Motorrad-Museum

300 Oldtimer stehen in dem Auto- und Motorradmuseum, das Teil des Freizeit- und Erlebnisparks Ziegenhagen ist. Ziegenhagen liegt zwischen Münden und Witzenhausen neben der B 80.

Moto-Cross

In Augustdorf geht das vom MSC Heiderose Augustdorf veranstaltete Moto-Cross-Rennen »Heiderose« über die Bühne.

Bergrennstrecke

Auf der Strecke zwischen Ottbergen und Ovenhausen am Scheelen-Berg werden Bergrennen ausgetragen, die zur Deutschen Automobil-Bergmeisterschaft zählen.

nige Straßen in Deutschland, die durch einen so traumhaften Wald führen.

Dabei hatte die Fahrt auf dieser Nebenstrecke parallel zur Bundesstraße 80 und dem Flußlauf der Weser gar nicht so gut angefangen. Von Hannoversch Münden waren wir gekommen, jener Stadt am Zusammenfluß von Fulda, Werra und Weser, die der Weltreisende Alexander von Humboldt zu den sieben schönstgelegenen Städte der Welt zählte. Hier wirkte einst der berühmte Doktor Eisenbart, der im Haus Lange Straße 34 starb. »Er war anders als sein Ruf«, verkündet die Inschrift auf dem Sockel unter einer Holzfigur, die den Doktor mit einer überdimensionalen Spritze zeigt. Seinen zweifelhaften Ruf hatte er sich durch seine marktschreierische Art als Wanderdoktor erworben. In Wirklichkeit verfügte er aber über ein außerordentliches medizinisches Wissen und Können. Zum Gedenken an den verkannten Doktor findet jeden zweiten Sommersonntag vor dem Rathaus das »Spiel vom Doktor Eisenbart« statt.

Völlig deplaziert wirken die beiden dickbäuchigen Schlote des Kernkraftwerks Grohnde

Zwischen Münden und Fuldatal zweigt von der B 3 besagte kleine Straße ab, die zuerst nach Holzhausen und dann weiter durch den Reinhardswald zur Sababurg führt. Das erste Stück auf diesem Anstieg war überhaupt nicht nach unserem Geschmack. »Das ist wohl eine Teststrecke für Stoßdämpfer«, beklagt sich Georg, so hüpft er mit seiner CBX 650 E über den unebenen, holprigen Belag. Jede Schraube, die nicht fest angezogen gewesen wäre, hätten wir auf diesem Stück verloren.

Dann aber folgt jene Fahrt durch den Reinhardswald, die wir wegen ihrer Schönheit wohl so bald nicht vergessen werden. An der Sababurg legen wir eine kurze Rast ein. Auch wenn wir keine Märchenprinzen sind, wollen wir doch Dornröschens Schloß sehen. Nicht für einen hundertjährigen Schlaf, aber zumindest für ein paar Nächte lädt der Dornröschenturm die Besucher ein. Die Burg ist nämlich heute ein Hotel, allerdings eines der besseren Sorte. Mit einem schmalen Geldbeutel träumt man den Traum vom hübschen Dornröschen besser weiterhin zu Hause.

Uns steht der Sinn weder nach einem schönen Dornröschen noch nach träumen. Es locken noch fast 20 Kilometer Straße durch den nördlichen Ausläufer des Reinhardswaldes. In den Staatsforsten von Gottsbüren und Karlshafen ändert sich zwar der Wald ein wenig, denn die Laubbäume sind immer dichter durchsetzt mit Nadelgehölzen. Der Faszination, die von der Straße ausgeht, tut das aber keinen Abbruch. Schmal ist der Waldweg, ein ständiges Auf und Ab, das durch viele Kurven noch reizvoller wird.

Der krasse Gegensatz dazu ist das Stückchen Bundesstraße zwischen Bad Karlshafen und Beverungen.

Diesem Abschnitt können wir nicht das Geringste abgewinnen. Am wenigsten können uns die beiden dickbäuchigen Schlote des Kernkraftwerks Würgassen begeistern. Sie sind in dieser Weserlandschaft völlig deplaziert.

Im Hinterland der Weser ziehen schmale Wege mitten durch die Felder

In Beverungen, einem Städtchen mit alten Fachwerkhäusern und einer malerischen Uferpartie, wechseln wir ans andere Ufer der Weser. Eine kleine Straße zieht am Rande des Naturparks Solling/ Vogler entlang der Weser. Der Fluß ist kein reißender Strom, eher ein stilles Gewässer. Er ist breit, ohne daß sein Bett feste Konturen aufweist. Riesige Schlauchboote, vollgepackt mit zwei Dutzend Menschen, treiben auf dem Wasser dahin. Dazwischen tummeln sich Wassersportler in bunten Kanus und Kajaks.

In Fürstenberg mit seiner berühmten Porzellan-Manufaktur verlassen wir den Flußlauf und fahren in Richtung Große Blöse, dem höchsten Berg im Solling. Direkt an der Porzellan-Manufaktur vorbei führt die Straße ins Hinterland. Wer sich in die Geheimnisse der Porzellanherstellung einweihen lassen will, kann hier den »Porzellinern« beim Drehen, Gießen, Brennen und Bemalen über die Schulter blicken.

Nach Neuhaus, dem ehemaligen Jagdrevier der Braunschweiger

Herzöge, führt eine kurvenreiche Straße. Heute ist der Ort stets dicht bevölkert mit älteren Menschen. Bei einem heilklimatischen Kurort eigentlich auch kein Wunder. Fast an jedem Haus prangt das Schild »Zimmer zu vermieten«, allerdings immer zuzüglich Kurtaxe und mit einem saftigen Kurortzuschlag. Ganz im Zeichen des Geldes steht auch das Kloster Corvey am linken Ufer der Weser. Als wir vor dem Eingang der 822 gegründeten Benediktinerabtei halten, um im Innern ein Foto zu machen, ist gleich ein profitgieriger Wächter zur Stelle. »Verschwindet sofort von den Platten mit Euren Motorrädern«, faucht er uns an. »Mit Eu-

Märchenhaft: Der Reinhardswald mit seinem dichten Farnteppich und den alten, knorrigen Eichen

Motorradfreundlicher Campingplatz

Auf dem Campingplatz Bad Karlshafen in der gleichnamigen Ortschaft sind Motorradfahrer willkommen.

Trial

Auf dem Trial-Gelände in Fürstenhagen trägt der MSC Weser-Solling seinen DMV-Weser-Solling-Nacht-Trial aus.

Moto-Cross

In Northeim veranstaltet der dortige Rallye-Touring-Club seinen Moto-Cross-Lauf, der zur Deutschen Meisterschaft zählt.

rem Seitenständer bohrt Ihr da ein Loch rein.« Wir können über diese fadenscheinige Begründung nur lächeln, denn sie verfolgt ganz allein einen Zweck: uns auf den – selbstverständlich gebührenpflichtigen – Parkplatz zu vertreiben. Zweimal Eintritt müßten wir auch noch berappen, was dann insgesamt schon fast den Gegenwert eines Mittagessens hat. Da ziehen wir es doch vor, das Geld für ein Schnitzel auf den Tisch zu legen, anstatt die Vermarktung des christlichen Glaubens zu unterstützen.

Ein kleines Stückchen bleiben wir hinter Höxter noch auf der Bundesstraße, dann zieht es uns für etwas Fahrspaß wieder ins Hinterland der Weser. Über Bödexen und Löwen-

dorf schraubt sich die Straße hinauf zum Köterberg. Bis auf die Spitze unterhalb des Fernmeldeturmes können wir mit unseren Maschinen fahren. Die Aussicht nach allen Seiten ist überwältigend. Die Weser ist von hier oben nur noch ein Rinnsal, die Häuser wirken wie Spielzeuge. Inmitten des grünen Teppichs, der in vielen farblich abgestuften Vierecken unterteilt ist, steigen zwei Rauchschwaden empor: Das Kernkraftwerk Würgassen ist auch von hier oben inmitten dieser Miniaturlandschaft nicht zu übersehen.

In Brevörde stoßen wir wieder auf die Weser, um uns nur ein paar hundert Meter weiter erneut ins Hinterland zu verabschieden. Eine verschlungene Straße auf der Generalkarte verspricht eine kurvenreiche Fahrt und zwei Aussichtspunkte.

Mit der Fahrt durch den Reinhardswald ist dieser Weg hinauf zur Ottensteiner Hochebene nicht zu vergleichen, aber diese beiden Teilstücke sind die Creme einer Reise durch das Weserbergland. Jedes der beiden Stücke ist faszinierend, nur eben auf die ihm eigene Weise. Der Weg von Brevörde nach Ottenstein ist eine prächtige Allee, gesäumt von alten, wuchtigen Linden. In vielen Kehren schraubt sich die Straße gemächlich empor. Jede Kurve bietet neue Ausblicke hinunter ins Tal der Weser.

Nach der letzten Kehre stellen wir die Motorräder auf einem kleinen Feldweg ab. Wir setzen uns auf

151

Blick hinunter auf die Weser, die eingebettet ist in einen breiten, grünen Uferstreifen

Reminiszenz an einen berühmten Bürger: Der Münchhausen-Brunnen in Bodenwerder

eine Wiese und genießen den fantastischen Blick hinunter auf den breiten Fluß mit seinen weitläufigen Wiesen an beiden Ufern. »Diese Auffahrt mit den vielen Kehren war echt Spitze«, meint Georg und zieht genüßlich an seiner Zigarette. »Vor allem die Ausblicke zwischen den Bäumen hindurch waren toll. Ich hätte nach jeder Kehre wieder anhalten und die Aussicht genießen können.«
Eine ganze Weile halten wir es oberhalb der Weser in der Sonne aus, dann geht es weiter nach Ottenstein. Die Gegend rund um diesen Ort ist ein stilles, beschauliches Bauernland. Wir fahren vorbei an endlosen Wiesen mit schwarz-weiß gefleckten Kühen. Dazwischen liegen gelbliche Felder, auf denen sich die Ähren sanft im Wind wiegen.
Brökeln und Hohe, zwei kleine Ortschaften auf dem Weg hinunter nach Bodenwerder an der Weser, sind ein Beispiel dafür, welchen

Stellenwert die Landwirtschaft in dieser Region hat. Hübsche Fachwerkhäuser und rote Backsteinbauten stehen in diesen Dörfern, vor allem aber riesige Höfe mit Scheunen und Stallungen. Von dem Rummel, der uns ein paar Minuten später in Bodenwerder empfängt, ist hier noch nichts zu spüren.
In Bodenwerder kämpfen wir uns mitten durchs Zentrum, um ans andere Ufer der Weser nach Linse zu gelangen. An einer roten Ampel müssen wir anhalten. Plötzlich tippt mir Georg auf die Schulter. »Schau mal, da rechts im Park«, schreit er lauthals, um den Verkehrslärm zu übertönen. Seine Hand zeigt auf eine seltsame Skulptur. Da sitzt ein Mann in Uniform auf einem halben Pferd, aus dessen Bauch das Wasser herausläuft. »Das ist wohl das Münchhausen-Denkmal«, stellt Georg treffend fest.
Dem Freiherr Hieronymus C. F. von Münchhausen verdankt

die kleine Stadt Bodenwerder ihre Popularität. Hier lebte der Adlige, dem seine blühende Phantasie und die abenteuerlichen Erzählungen den Titel »Lügenbaron« einbrachte. Der originelle Brunnen mit dem halben Pferd sprudelt vor dem Geburtshaus des Lügenbarons, das heute Rathaus und Münchhausen-Museum zugleich ist.

Generalkarte

Blatt 6, 7 und 9

Nordöstlich von Bodenwerder, wo der Naturpark Weserbergland beginnt, gleicht die Gegend fast der auf der Ottensteiner Hochebene. Überall erstrecken sich Felder, von deren Früchte die wenigen Menschen in den winzigen Ortschaften leben. Von der Wegkreuzung Haus Harderode nach Bessinghausen zieht eine kurvenreiche Straße zwischen diesen Feldern hindurch. Hier kommt noch einmal richtiger Fahrspaß auf, bevor mit Hameln die nächste Märchen-Stadt mit dichtem Verkehr auf uns wartet. Auf dem Weg dorthin machen wir erneut Bekanntschaft mit zwei häßlichen, dicken Schloten. Das Kernkraftwerk Grohnde stört die märchenhafte Weser-Stimmung ganz entschieden.
In Hameln soll vor 700 Jahren ein Flötenspieler die Stadt nicht nur von der Rattenplage befreit haben, sondern auch 130 Kinder mit sei-

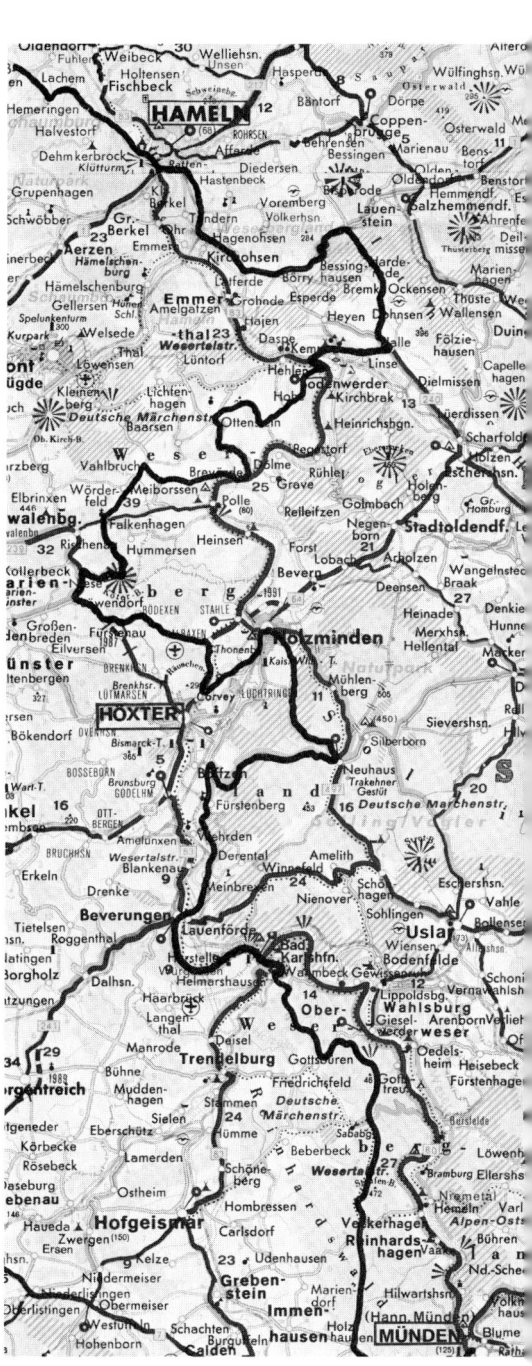

nen Melodien aus der Stadt gelockt haben, nachdem man ihn um seinen versprochenen Lohn geprellt hatte. Die Erinnerung an diese Sage wird in allen Ecken der Stadt aufrecht erhalten. Da gibt es nicht nur dreimal täglich das Rattenfängerglockenspiel und während des Sommers das »Rattenfängerspiel«, sondern auch Ratten aus Brotteig, Gips und Plüsch.

rung hervorragend. Über Herkendorf und Egge geht es nach Klein-Goldbeck.
Die schönen Kurvenkombinationen vor Wennenkamp genießen wir noch einmal in vollen Zügen, denn schon in Rinteln zeigt uns der Verkehr, daß die Autobahn und mehrere große Städte in der Nähe sind. Eine letzte Rast legen wir an der steinernen Windmühle ein, die hin-

Wir halten uns ein wenig am Rande des Trubels und folgen den Wegweisern »Rinteln Nebenstrecke«, die uns wieder ans andere Ufer der Weser bringen. Noch einmal bekommen wir kleine Straßen unter die Räder, auf denen das Touren besonders viel Spaß macht. Auch wenn wir uns mal wieder die dünnsten Striche auf der Landkarte für unsere Route ausgewählt haben, klappt die Orientie-

Spiegelnde Seen, ein paar goldgelbe Felder, etwas Wald – auch das ist das Weserbergland

Motorrad-Museum

In Bad Oeynhausen ist das Norddeutsche Auto-, Motorrad- und Technikmuseum zu finden. Das Museum ist im Ortsteil Rehme beheimatet.

Bergrennen

Eines der letzten Bergrennen für Motorradfahrer, das zum OMK-Bergpokal zählt, wird am Schloß Schaumburg westlich von Rinteln ausgetragen. Das Bergrennen Schaumburg Obernkirchen veranstaltet der gleichnamige Club.

ter Fülme einsam inmitten der Felder steht. Ein schmaler Weg führt von der Hauptstraße zu dem grasbewachsenen Hügel, auf dem die Windmühle errichtet ist.
Über die Porta Westfalica, die Westfälische Pforte, steuern wir zum Abschluß unserer Tour durch das Weserbergland Bad Oeynhausen an. Märchenhaft könnten wir dort die Tour ausklingen lassen,

denn der Ort hat in dieser Hinsicht einiges zu bieten. Schließlich ist hier das Deutsche Märchen- und Wesersagenmuseum beheimatet. Aber nach so viel Poesie entlang der Weser beschäftigen wir uns ganz gerne mal wieder mit etwas realistischeren Dingen. Noch dazu, wenn sie mit Motoren zu tun haben. Und die finden wir zuhauf in einem anderen Museum: dem Norddeutschen Auto-, Motorrad- und Technikmuseum.

Infos

Fremdenverkehrsverband Weserbergland – Mittelweser e.V. Falkestraße 2 3250 Hameln Telefon 05151/24566

SERVICE-TEIL

Eine Wochenendtour in Deutschland ist kein dreiwöchiger Urlaub in Übersee, für den es einer langen Vorbereitung bedarf. Im eigenen Land gibt es keine Sprachprobleme bei einer Panne, man muß sich nicht an ein verändertes Klima und an andere Speisen gewöhnen und man ist vor allem nicht mit Sack und Pack unterwegs.
Schon aus diesem Grund sind Hinweise auf eine besondere Gesundheitsvorsorge oder Verhaltensregeln für einen Unfall im Ausland entbehrlich. Auch ausschweifende Erklärungen zur richtigen Auswahl eines idealen Schlafsacks für Motorradfahrer oder eines möglichst leichten, aber doch geräumigen Zeltes sei anderen Büchern vorbehalten. Literatur gibt es auf diesen Gebieten in Hülle und Fülle.
Was nicht heißen soll, daß für eine Deutschland-Tour jegliche Vorbereitung überflüssig ist. Kein Motorradfahrer steigt gerne abends völlig durchnäßt in einer Pension ab, weil er mit falscher Kleidung unterwegs war. Und jeder Zweiradpilot ist am Fluchen, wenn die traumhafte Tour jäh gestoppt wird, weil der Motor nicht mehr in Schwung zu bringen ist. Und schließlich wird auch niemand begeistert sein, wenn er sich hoffnungslos verirrt

hat, nur weil er auf eine veraltete Karte vertraut hat.
Je besser die Vorbereitung, desto größer der Spaß. Das gilt nicht nur für die lange Urlaubsreise; das gilt ebenso für die kurze Deutschland-Tour. Aber eines ist ganz klar: übertreiben muß man es deswegen nicht.

Bekleidung

Leder- oder Textilanzüge – diese Streitfrage ist fast schon so alt wie das Motorrad selbst. Seit es auf dem Zubehörmarkt wieder mehr Fahranzüge aus Fasergewebe gibt, verstärkt sich auch wieder die Diskussion über die beiden Alternativen.
Für Leder sprechen eigentlich nur zwei Argumente: die Stoßdämpfung an den mitunter sehr stark gepolsterten Stellen und vor allem die Abriebfestigkeit, die ein Durchscheuern beim Sturz vermeidet. Gewebeanzüge können hingegen eine ganze Menge Pluspunkte sammeln. Sie sind reißfester, schützen besser vor Reibungs-

157

wärme, bieten mehr Bewegungsfreiheit und einen erheblich größeren Tragekomfort.

Dabei ist in erster Linie eine Faser auf dem Vormarsch: Gore-Tex. Die Struktur dieses Gewebes ist der menschlichen Haut vergleichbar, wodurch Atmungsaktivität, Kälte- und Hitzeschutz sowie weitgehende Wasserdichtheit verbunden werden. Der einzige Nachteil der vielfältig angebotenen Anzüge aus Gore-Tex: Sie sind sehr teuer.

Es ist letztlich eine Glaubensfrage, ob man Leder oder Gewebeanzüge zum Touren bevorzugt. Einteilige Kombis sind dabei sicherlich fehl am Platze, denn hin und wieder läßt man das Motorrad einmal stehen, um sich etwas anzuschauen. Bei warmem Wetter ist es dann unangenehm, wenn man nicht aus der durchgehenden Lederhaut herauskommt.

Zweiteilige Kombis sind universeller, wobei viele Tourer für eine getrennte Kleidung plädieren. Eine lange Lederjacke wird mit einer Latzhose kombiniert, wodurch die empfindliche Nierenpartie doppelt geschützt wird.

Ganz gleich, welche Lösung man wählt, sollte man beim Kauf eines bedenken: Touren kann man nicht nur im Hochsommer, wenn fast schon das T-Shirt unter der Kombi zu viel wird. Frühling und Herbst sind ohnehin die beste Reisezeit. Da ist es aber mitunter noch etwas frisch, so daß man die Kleidung so groß wählen sollte, daß auch noch ein Pullover drunter paßt, ohne daß

es gleich in den Armbeugen zwickt.

Turnschuhe mögen für den kurzen Weg zur Arbeit oder in die Schule noch ausreichen, für längere Touren sind sie jedenfalls ungeeignet. Der Zubehörhandel verkauft ja eine ganze Menge Tourenstiefel, die eigentlich ihrer Bezeichnung nach ideal zum Reisen sein müßten. Es hat sich aber immer wieder gezeigt, daß ein leichter Sportstiefel geeigneter ist.

Tourenstiefel sind derb und aus dickem Leder, was den Vorteil hat, daß sie (in gut gefettetem Zustand) einen Regenguß auch einmal ohne Regenüberschuh aushalten. Der Sportstiefel wird sich hingegen recht schnell vollsaugen wie ein Schwamm. Aber wenn es regnet, wird man sich ohnehin in die Gummihaut pellen.

Geht es allerdings mal ein längeres Stück zu Fuß, weil man etwa bei einer Tour nicht ganz bis an eine Burg oder eine Höhle heranfahren kann, zeigt sich der Vorteil des Sportstiefels. Er ist so leicht und bequem, daß man mit ihm problemlos auch größere Strecken laufen kann.

Handschuhe sind wohl eine Selbstverständlichkeit, denn Verletzungen an den Händen heilen besonders schwer. Beim Material gibt es Unterschiede in der Scheuer- und Reißfestigkeit. Am sichersten sind Handschuhe aus Känguruh-Leder, die nur sehr selten angeboten werden. Sie sind fast dop-

pelt so scheuer- und reißfest wie Rindleder-Handschuhe. Dazwischen ist Haar-Schaf-Leder anzusiedeln, wie es auch im Rennsport benutzt wird.

Erfahrene Motorradfahrer haben immer zwei Paar Handschuhe bei sich. Tagsüber freut man sich über ein paar luftige, ungefütterte Handschuhe, in den frühen Morgen- und späten Abendstunden kann man hingegen ein wärmendes Futter vertragen.

Die einzige vom Gesetz vorgeschriebene Schutzkleidung ist der Helm, wobei jeder nach seiner Fasson mit einem Jet- oder einem Integralhelm glücklich werden kann. Daß der Integralhelm bei einem Sturz das Gesicht besser schützt, ist wohl jedem schon beim Anblick der Helme klar.

Wichtig beim Touren ist ein einwandfreies Visier. Wer auf getönte Visiere steht, sollte sich eigentlich nicht ohne ein klares Ersatzvisier auf die Tour trauen. Mit der Zeitplanung verschätzt man sich leicht einmal. Wird es dann dunkel, gefährdet man sich mit dem getönten und obendrein vielleicht noch mükkenverschmierten Visier erheblich. Universeller ist ein verlaufend getöntes Visier, mit dem wir bei den Touren für dieses Buch hervorragende Erfahrungen gemacht haben. Es macht die Mitnahme eines klaren Visiers überflüssig.

Unabdingbar ist selbst für die Tages- und Wochenendtour eine wasserdichte Regenkleidung. Wir haben uns bei den Arbeiten für dieses Buch mehr als einmal auf den sonnigen Wetterbericht verlassen und dann Schiffbruch erlitten. Ob die neu erstandene Regenkombi auch wirklich dicht ist, zeigt sich natürlich erst in der Praxis. Denn

159

welcher Laden hat schon eine Dusche zum Testen. Aber man kann heute wohl davon ausgehen, daß die meisten der angebotenen Regenkombis mit mittleren Regenfällen fertig werden. Bei mehrstündigem Platzregen gibt es dann selbst bei den teuersten Gummihäuten irgendwann ein Brünnlein nach innen.

Regenüberschuhe sollten kein Luxus sein, denn nasse Füße führen schnell dazu, daß man am ganzen Körper friert. Und Plastiktüten sind wirklich nur ein Ersatz für den äußersten Notfall, weil sie allzu leicht häßliche Flecken auf dem Auspuff hinterlassen.

Statt teuren Gummiüberziehern für die Handschuhe tun es auch billige Spül- oder Arbeitshandschuhe aus Gummi, die in einem Stück gefertigt sind. Da gibt es keine Naht mehr, durch die Wasser eindringen kann.

Selbstverständlich zieht man die Regenkombi über die Gummihandschuhe und die Überschuhe an. Dann kann das Wasser ablaufen und tropft nicht in die Stiefel oder Handschuhe.

Packen

Für eine Tages- oder Wochenendtour reicht schon mal das kleine

Tourengepäck, sprich der Tankrucksack. Den sollte man allerdings nicht so vollstopfen, daß der Blick auf die Instrumente verdeckt ist. Grundsätzlich gehören auch alle schweren Gegenstände ins Unterteil, sonst kippt der Tankrucksack in jeder Kurve um. Besser ist es ohnehin, ein zusätzliches Gummiband um Tank und Tankrucksack zu schnallen, um so die Stabilität zu erhöhen.

Großflächige Tankrucksäcke dürfen nicht zu weit vorne auf dem Tank befestigt werden. Sie schränken sonst beim Wenden den Lenkeinschlag ein. Bei vielen Motorrädern gibt es dann beim Wenden auch ein unfreiwilliges Hupkonzert, weil die Hupknöpfe so angebracht sind, daß sie sich am Tankrucksack stoßen.

Das Unterteil eines Tankrucksacks ist im übrigen der ideale Platz für die Fotoausrüstung. Hier ist der sicherste Platz auf dem ganzen Motorrad. Selbst bei einem Sturz bietet der Tankrucksack noch den besten Schutz.

Bei größeren Touren sind Motorrad-Koffer sicherlich die besten Gepäckbehälter. Wer mit Sozius oder Sozia unterwegs ist, teilt die beiden Stauräume zu gleichen Hälften. Aber aufpassen, daß die Koffer gleichmäßig beladen werden. Bei unterschiedlichen Gewichten beiderseits des Hinterrades wird das Fahrverhalten negativ beeinflußt.

Es hat sich immer wieder bewährt, das Gepäck in Innentaschen oder zumindest in Plastikbeutel zusätzlich zu verpacken. Bei lang anhaltenden Regenfällen dringt in fast alle Koffer Wasser ein. Vor allem ältere Koffer sind in dieser Hinsicht gefährdet.

Nicht an alle Motorräder lassen sich Kofferhalter montieren; manche stört vielleicht auch das Aussehen dieser rechteckigen Halter. Auf zusätzlichen Stauraum muß trotzdem nicht verzichtet werden. Hier helfen Packtaschen aus Kunststoff-Gewebe, die mit Klettverschlüssen und Schnurklemmen ebenso schnell angebracht wie wieder abgenommen sind. Ihre Dichtheit läßt zwar etwas zu wünschen übrig, was auch durch Plastikhauben nicht wesentlich verbessert werden kann. Dafür halten sie auch bei Geschwindigkeiten von 200 Stundenkilometer auf der Autobahn noch absolut fest.

Wer bei Wochenendtouren nicht auf Zelt und Schlafsack verzichten will, wird wohl noch Gepäck auf den Gepäckträger schnallen müssen. Als Ersatz muß da heute oft der Höcker oder das hintere Teil der Sitzbank dienen, denn nicht an jedes Motorrad läßt sich problemlos ein stabiler Gepäckträger montieren. Wo immer man das Gepäck am Heck auch verstaut, zwei Punkte sind zu beachten: Auf keinen Fall zu schwere Sachen auf den Gepäckträger laden, denn diese Zone kann am schnellsten den Schwerpunkt beeinflussen und damit das Fahrverhalten extrem verschlechtern. Aus diesem Grund

161

sollte man das Gepäck auch möglichst weit vorne befestigen, denn hier ist die Zuladung problemloser.

Vorbereitung des Motorrads

Bei einer mehrwöchigen Auslandsreise ist es empfehlenswert, das Motorrad zuvor einer gründlichen Inspektion zu unterziehen. Defekte lassen sich so möglicherweise vermeiden, die gerade im Ausland eine unangenehme Sache sind. Solch umfangreiche Arbeiten sind natürlich bei einer Tages- oder Wochenendtour entbehrlich. Sonst würde man unter Umständen fast

jede Woche eine Inspektion durchführen.

Ein kurzer Maschinencheck sollte aber vor jeder Tour drin sein, um unnötige Pannen vorher auszuschließen. Dazu wird zunächst einmal der Ölstand überprüft, gegebenenfalls auch Öl nachgefüllt. Vor allem vor Fahrten ins Gebirge oder auf sonstige kurvenreiche Strecken empfiehlt sich ein Blick auf den Stand der Bremsflüssigkeit. Beim Nachfüllen darauf achten, daß man Flüssigkeit der richtigen DOT-Klasse benutzt. Diese ist auf dem Deckel des Bremsflüssigkeits-Behälters angegeben.

Fahrer von Zweitaktern füllen den Behälter für das Zweitaktöl randvoll auf, denn am Wochenende hat auf dem Land vielleicht nur eine kleine Tankstelle auf, die kein Zweitaktöl im Sortiment hat. Bei wassergekühlten Maschinen wird zusätzlich noch dem Flüssigkeitsstand im Kühler oder im Ausgleichsbehälter ein Blick geschenkt.

Die Kette wird selbstverständlich gespannt und gut gefettet. Das macht man allerdings nicht erst fünf Minuten vor der Abfahrt, sondern am Abend vorher, sonst schleudert es das Fett gleich wieder von der Kette.

Der Reifendruck wird überprüft und bei größerem Gepäck gibt es für jeden Reifen 0,2 bar Zuschlag. Dabei wirft man einen Blick aufs Profil und überlegt sich angesichts der geplanten Tour, ob der Reifen für die beabsichtigte Strecke noch hält. Faustregel: besser zu viel Profil als zu wenig.

Ein letztes Augenmerk gilt noch der gesamten Beleuchtungsanlage. Steht man gegen Abend plötzlich im Dunkeln, ist das eine unangenehme Sache. Nicht weniger wichtig sind aber das Bremslicht, das mit Fuß- und Handbremshebel überprüft wird, und die vier Blinker. Gerade wenn man in einer Gruppe unterwegs ist, müssen all diese Beleuchtungseinrichtungen funktionieren, will man nicht die anderen Motorradfahrer unnötig gefährden. Aber auch sonst ist es natürlich schon zum eigenen Schutz wichtig, daß Hinter- und Vordermann wissen, ob man gerade bremst oder zum Überholen ansetzt.

Der beste Maschinencheck kann nicht garantieren, daß die Tour ohne Pannen abläuft. Deshalb gehört in jeden Tankrucksack oder unter die Sitzbank ein »Notpäckchen«, mit dem man mit ein wenig Improvisationsgeschick kleinere Pannen beheben kann.

Neben Ersatzbirnen und einem Reifenflickset beinhaltet dieses »Notpäckchen« so universelle Hilfsmittel wie Draht, Gewebe-Klebeband und Gummiringe, die man sich übrigens auch aus einem alten Schlauch schneiden kann. Ein paar Schrauben mit Muttern, zwei verschieden große Schlauchbinder, ein kleines Döschen Kontaktspray (im Elektronik-Geschäft erhältlich), Ersatzzündkerzen, etwas Fett und ein paar Putzlappen vervollständigen das Päckchen. Mit all diesen Utensilien kann man sich zumindest so weit helfen, daß man es bis zur nächsten Werkstatt schafft.

Hat allerdings ein Motor- oder Getriebeschaden der Tour jäh ein Ende gesetzt, helfen nur noch Schieben oder ein Abschleppwagen. Abschleppen nach Automanier mit dem Seil ist für Motorräder verboten.

Papiere

Führerschein und Kraftfahrzeugschein sind auf Touren in Deutschland eine Selbstverständlichkeit. Geht es in Grenznähe, ist ein Blick

in Paß oder Personalausweis empfehlenswert. Vielleicht entschließt
man sich vor Ort spontan zu einem
Ausflug ins Nachbarland. Dann
sollten die Ausweispapiere noch
gültig sein.

Wer auch bei einer Deutschland-
Reise auf Nummer Sicher gehen
will, kann sich für den Fall eines
größeren Defektes oder gar eines
Unfalls mit einem Schutzbrief
wappnen. Die Automobilclubs und
einige Versicherungen geben solche Schutzbriefe aus, die auch innerhalb Deutschlands anwendbar
sind.

Nicht jeder Motorradfahrer ist Mit-
glied in einem Automobilclub, und
viele Versicherungen geben keine

Schutzbriefe aus. Um bei einem
Maschinenschaden nicht völlig hilflos zu sein, besorgt man sich vor
der Tour ein Händlerverzeichnis.
Das gibt es kostenlos bei jedem
Händler. Sollte es dort vergriffen
sein, wendet man sich an den
deutschen Importeur oder direkt an
den Hersteller, sofern es sich um
ein deutsches Motorrad handelt.
Treten unterwegs Pannen auf, bei
denen man sich nicht mehr selbst
weiterhelfen kann oder bei denen
man Ersatzteile benötigt, weiß man
zumindest, wo der nächste Händler ist, der einem möglicherweise
weiterhelfen kann.

Karten

Die Karten, die in diesem Buch bei jeder Tour abgedruckt sind, können nicht mehr sein als eine Hilfestellung, um die beschriebene Route nachzufahren. Für unterwegs sollte man sich unbedingt eine gute Landkarte besorgen. Gut heißt, daß sie genau ist, einen kleinen Maßstab hat und daß das Kartenbild leicht lesbar ist.

All diese Voraussetzungen erfüllen die Generalkarten im Maßstab 1:200000 aus Mairs Geographischem Verlag. Die roten Karten sind über den Buchhandel oder an Shell-Tankstellen erhältlich.

Sie haben sich bei allen Touren in Deutschland dank ihrer Genauigkeit bestens bewährt. Jeder der zwölf Tourenberichte enthält deshalb einen Hinweis, auf welchem Blatt der Generalkarte die entsprechende Region verzeichnet ist. So kann man die beschriebene Route auf der Karte verfolgen und sie

ganz nach eigenem Geschmack abändern oder ergänzen.

Die Generalkarten sollten jeweils auf dem aktuellen Stand sein. Für eine Übersichtskarte im großen Maßstab, die nur zur Groborientierung dient, gilt das nicht unbedingt. Eine ein Jahr alte Karte tut es auch, wenn man damit nur die Region auswählen will, wo die Tour hingehen soll. Solche Karten sind oft für einen Spott-Preis in einem modernen Antiquariat zu ergattern. Diese Karten enthalten bei Autobahnen und großen Verbindungsstraßen schon zwei Jahre im voraus den Hinweis auf die Fertigstellung des betreffenden Teilstücks. Deshalb gibt es bei der Anfahrt auch keine Probleme mit solch veralteten Karten.

Die Feinausarbeitung erfolgt mit der Generalkarte. Sie wird ständig ergänzt und aktualisiert, so daß einer gut geplanten Deutschland-Tour eigentlich nichts mehr im Wege steht.